KB263299

오늘부터
말을
잘하게 됩니다

오늘부터 말을 잘하게 됩니다

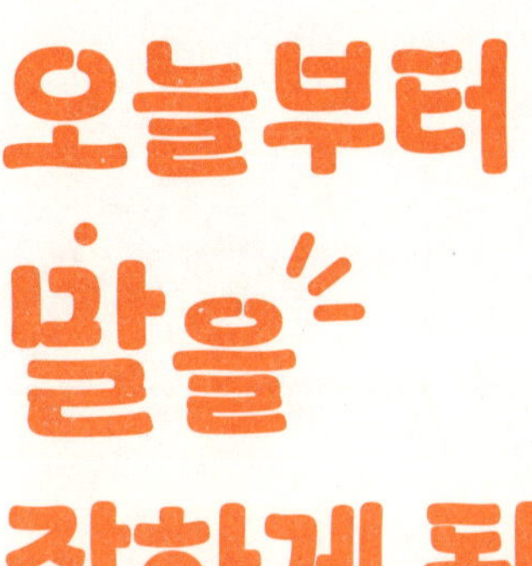

박수연 지음

현익출판

66 목차 99

: 발 없는 말이 나를 천 리 밖으로 이끈다

한 회사에서 제가 강의와 코칭을 진행할 때마다 늘 앞자리에 앉아 성실하게 참여하는 직원이 있었습니다. 업무 보고서도 꼼꼼했고, 맡은 프로젝트도 충실히 완수해 내는 사람이었습니다. 그런데 이상하게도 중요한 승진 심사나 면접 기회에서는 결과가 늘 기대에 못 미쳤습니다. 결과 발표가 날 때마다 씁쓸한 표정으로 앉아 있는 모습이 오래도록 마음에 걸렸습니다. 그러던 어느 날, 그 직원이 조용히 와서 이런 질문을 던졌습니다.

"저는 정말 열심히 하는데, 왜 중요한 순간마다 잘 안 풀리는 걸까요?"

그 물음에 담긴 절박한 심정을 누구보다 잘 알았습니다. 매일 최선을 다해도 결과가 따라 주지 않을 때 찾아오는 막막함, 자신은 여전히 부족하다는 생각이 쌓이며 생겨나는 학습된 무력감 말입니다.

저 역시 아나운서로 일하면서 여러 번 비슷한 장벽에 부딪혔습니다. 열심히 한다고는 하는데 일은 뜻대로 풀리지 않고, 5년 뒤에 내가 이 회사에서 대체 뭘 하고 있을지가 불투명한 순간들을 마주했습니다. 참으로 답답하고 절망적이었습니다. 이제 와서 돌이켜 보니 저는 '일의 언어'를 잘 익히지 못한 상태였던 것 같습니다. 일상생활 속에서는 정말 말을 잘하는 사람이었지만, 조직 안에서나 비즈니스 상황에서 잘 말하는 방법은 어디에서도 배워 본 적이 없었으니까요.

직장에서 원하는 대로 말이 잘 나와 주지 않아 답답했던 적이 누구나 한 번쯤은 있었을 것입니다. 회의 자리에서 상사가 "이번 분기 성과를 한 줄로 요약해 보라"고 지시했을 때, 말을 잇지 못하고 자료만 들여다보다가 기회를 놓친 경험. 고객 미팅에서 상대가 "그래서 우리에게 어떤 이익이 있나요?"라고 물었을 때, 머릿속에는 답이 있는데도 문장으로 꺼내지 못해 고개를 떨군 순간. 발표 자리에서 핵심을 제대로 못 짚어 "그래서 결론이 뭐야?"

라는 말을 들었던 경험. 모두가 같은 맥락입니다. 바로 '일의 언어'를 배우지 못했기 때문에 발생한 문제들입니다.

이 책에는 업무에서 말의 장벽에 부딪힌 분들에게 해 드리고 싶은 조언들을 담았습니다. 열심히 일하지만 승진이나 평가에서 번번이 고배를 마시는 직장인, 능력은 충분한데 결정적인 순간 말을 못 해 손해를 보는 이들에게 도움이 되고 싶었습니다.

우리가 일상에서 쓰는 말과 일할 때 필요한 말은 전혀 다릅니다. 평소에는 아무렇지 않게 넘어가던 말투나 습관이, 중요한 회의나 면접, 고객과의 협상 자리에서는 치명적인 약점이 되곤 합니다. 평소에는 누구보다 말을 잘하던 사람이 막상 발표나 보고 자리에서 얼어붙는 것도 원인은 하나입니다. 배운 적이 없기 때문입니다. 생각해 봅시다. 처음 영어를 배울 때 알파벳부터 시작했던 것처럼, 일의 언어 역시 기본부터 차근차근 배워야 합니다.

비즈니스의 세계에서는 짧은 순간 내뱉는 한마디가 계약의 성립 여부, 승진 여부, 합격 여부를 갈라놓습니다. 짧은 대화의 순간이 나비효과처럼 커리어 전체를 바꿔 버리기도 합니다. 하지만 다행히도 말은 타고난 소수만이 가진 능력이 아닙니다. 자전거를 처음 배울 때는 누구나 넘어지지만 곧 익숙해지듯, 말하기도 구조와 방법을 몸에 익히면 자연스럽게 속도가 붙고 요령이 생깁니다.

이제 당신이 커리어의 중요한 순간마다 원하는 것을 확실히 얻어 낼 수 있도록, 더 이상 말 한마디 부족해 손해 보는 일이 없도록, 경험을 통해 깨달은 '일터에서 효과적으로 말하는 방법'을 차근차근 소개하려 합니다.

이 책에는 면접, 회의, 협상, 발표처럼 커리어의 승패를 가르는 순간에 어떻게 하면 말로써 원하는 바를 얻어 낼 수 있는지를 중점적으로 연구한 결과를 담았습니다. 방송 현장에서 익힌 순발력과 아나운서로서의 기술, 변호사로서 논리력과 설득력을 키워 온 경험을 모두 반영하고자 했습니다.

이 책을 덮을 때쯤, 당신은 더 이상 사람들 앞에 나서는 것을 부담스러워하지 않게 될 것입니다. 자연스럽게 자신을 표현할 수 있는 능력을 얻게 될 것이고, 커리어도 그에 발맞춰 성장하게 될 것이라 자신합니다.

유튜브, 릴스, 각종 1인 미디어가 활성화된 사회에서 '말 잘하는 능력' 하나가 더해진다는 것의 의미는 매우 큽니다. 세상에 무수히 많은 정신과 의사들이 있지만, 오은영 박사가 가장 유명한 사람인 이유가 무엇일까요? 누구나 콘텐츠의 생산자가 될 수 있는 지금의 세상에서는 '말 잘하는 능력'이 당신의 이름과 실력을, 그리고 커리어를 천 리 밖까지 데려다 줄 것이라 믿어 의심치 않습니다.

이제부터 그 첫걸음을 함께 시작해 보겠습니다.

박수연

1장
인생의 기회를 열어 주는 말

말하기 능력은 가성비 좋은 스펙이다

성적이 비슷하고, 스펙에도 큰 차이가 없으며, 엇비슷한 대외활동까지 한두 줄쯤은 대부분의 이력서에 적혀 있는 상황에서, 최종 합격자는 대체 어떻게 정해지는 걸까요?

여러 면접장에서 느낀 점이 있습니다. 말을 잘하는 사람은 눈에 띌 수밖에 없다는 것입니다. 면접관들 사이에서 "아~ 그 말 잘하던 지원자?"로 기억되기도 합니다.

말을 잘한다는 건 말을 많이 하거나, 화려하게 표현하는 것만을 의미하지 않습니다. 상황에 맞게 핵심을 꺼내어 말할 줄 알고, 질문의 요지를 파악해 논리적으로 응답할 줄 알며, 무엇보다 신뢰를 주는 말투를 가진 사람이 정말 말을 잘하는 사람입니다. 이런 사람은 1분 자기소개라는 정형화된 틀 속에서도 독보적인 인상을 남기고, 예상치 못한 질문 앞에서도 중심을 잃지 않습니다. 이력서에 적힌 내용을 외워서 겨우 말하는 지원자들과는 차별화될 수밖에 없습니다. "나는 어떤 사람이며, 이 자리와 왜 맞는 사람인가"를 설득력 있게 설명할 능력이 있는 것이죠. 그리고 이 능력은 자연히 당락에 직접적인 영향을 미치게 됩니다.

저 역시 말하기 능력을 강점으로 내세웠기에 로스쿨에 수석으로 입학할 수 있었습니다. 당시 저보다 리트(LEET)나 토익 점수, 학점이 더 높은 지원자들도 있었지만, 말 잘하는 방법을 갈고닦아 면접에서 긍정적인 인상을 남긴 덕분에 수석이라는 좋은 결과를 얻게 되었습니다.

말로써 기회를 잡는 것은 저 혼자만의 경험이 아닙니다. 지금까지 수많은 학생을 가르치며, 자기소개조차 제대로 하지 못하던 이들이 점차 일의 언어를 체득하기 시작하면서 마침내 공기업·대기업·공무원 등 원하던 목표를 이루어 내는 모습을 지켜봐 왔습니다. 그 과정을 통해 저는 말이 인생을 바꾸는 아주 쓸모 있는 도구라고 확신하게 되었습니다.

특히 요즘처럼 대부분의 기업에서 1분 자기소개, 면접, PT 발표 등으로 실력을 철저하게 검증하는 시대에는 말하기가 더 이상 감각이나 타고난 재능의 영역이 아니게 되었습니다. 이제 말하기는 준비하고 훈련해야 하는 '실전형 스킬'이 된 것입니다.

'말'은 다들 비슷한 스펙을 보유하고 있는 지금의 취업 시장에서 가장 '가성비 좋은 스펙'이자, 가장 빠르게 훈련할 수 있는 기술입니다. 사람마다 차이는 있겠지만 토익이나 한국사 같은 각종 자격증 취득에는 최소 몇 달의 시간이 걸립니다. 그러나 말하기는 정확한 방향만 알고 있다면 오늘 하루 연습하는 것만으로도 눈에 띄게 좋아집니다.

말을 잘할 수 있도록 돕는 몇 가지 구조와, 논리의 흐름을 잡는 순서를 익히고, 발음과 호흡을 정리하는 훈련을 단 일주일만 하더라도 당신의 언어는 분명히 달라지고, 일에서의 경쟁력은 눈에 띄게 올라갈 것입니다. 짧은 시간 안에 말하기처럼 가시적인 성과를 낼 수 있는 스펙은 잘 없습니다. 저와 함께 말하기 능력을 다듬어, 커리어의 추월곡선을 그리실 수 있기를 바랍니다.

말하는 태도의 기본기부터, 업무 현장에서 통하는 구조화 말하기, 그리고 커리어를 성장시키는 전략적 언어 설계까지. 지금 당장 적용할 수 있도록 단계별로 정리해 드리겠습니다. 이 책을 덮고 나면, 당신의 말이 분명히 달라질 것이라 장담합니다.

말이 달라지면 기회가 달라지고, 기회가 달라지면 결과가 달라집니다. 이력서에는 적히지 않지만, 그 어떤 스펙보다 빠르게 결과를 바꾸는 힘, 그 힘을 지금부터 키워 보시기 바랍니다.

마이크 앞에서 배운 '말을 잘한다'는 것의 진짜 의미

말을 잘한다는 것이 어떤 의미라고 생각하시나요? 대부분은 아나운서처럼, 또는 유명한 예능인처럼 유창하고 화려하게 말을 하는 것이라고 생각하실 겁니다. 저 또한 그렇게 생각했습니다. 하지만, 이 프레임부터 바꿀 필요가 있습니다.

방송국에서 처음 마이크를 잡았을 때, 저는 스스로 당연히 말을 잘한다고 믿고 있었습니다. 어릴 때부터 또박또박 말을 잘하는 축에 속했고, 아나운서 학원에서는 발음과 발성이 안정적이라는 평가를 받았습니다. 그리고 무엇보다 '아나운서가 되었다'는 사실 자체로 말하기 실력은 이미 검증되었다고 여겼습니다.

그러나 현장은 달랐습니다. 현실은 제가 생각한 것보다 훨씬 냉정했고, 저는 곧 그 착각에서 벗어날 수밖에 없었습니다. 말을 정확히 한다고 해서, 발음이 좋다고 해서, 사람들이 제 말에 귀를 기울이는 것은 아니었습니다. 좋아하는 표현은 아니지만, 그 당시 저는 정말이지 '앵무새'와 다를 바 없었습니다. 읽고 외우는 데는 능숙했지만, 말을 구성하고 이끄는 능력은 현저히 부족했던 것입니다.

저의 부족함을 몸소 실감하게 된 건 첫 방송 사고가 발생했을 때였습니다. 뉴스 진행을 맡은 지 얼마 되지 않았을 때, 프롬프터가 갑자기 멈췄습니다. 당황한 저는 눈을 아래로 떨어뜨리고 버벅거리기 시작했습니다. 화면에 당황한 표정이 실시간으로 생중계되었고, 말은 자꾸만 처참하게 끊겨 나왔습니다. 뉴스가 끝난 후, 분위기가 냉랭할 것이 분명한 보도국으로 올라가는 길이 마치 도살장으로 끌려가는 길처럼 느껴졌습니다. 방송 사고에 제대로 대처하지도 못하는 주제에 스스로 말을 잘한다고 착각했던 제 자신이 부끄러웠습니다.

그제야 제가 아나운서 학원에서 배운 건 말의 본질이 아니라, 외형적인 기술뿐이었다는 것을 알게 되었습니다. 흉내 내기 쉬운 말투와 정형화된 억양에만 집중한 결과, 저는 말의 본질보다 포

   1장 인생의 기회를 열어 주는 말

장에만 매달리는 사람이 되어 있었던 것입니다. '아나운서처럼' 말하는 것에만 온통 신경을 쓰다 보니, '지금 이 상황에서 무슨 정보를, 어떤 흐름으로, 어떤 감정과 톤으로 전달해야 할지'에 대한 감각이 전혀 없었습니다.

슬프게도 비참한 경험은 반복되었습니다. 기자 연결이 지연되거나, 그래픽이 오작동하거나, 라디오 생방송 중 청취자가 돌발 발언을 하거나, 기술 문제로 화면이 튈 때마다 저는 어쩔 줄 몰라 했고, 마음은 자꾸만 불안해졌습니다. 마음이 불안하다 보니 방송에 제대로 몰입하지 못하는 날이 많아졌고, 그 불안정함은 어김없이 화면에서도 티가 났습니다.

해결책이 필요했습니다. 대체 나는 왜 이렇게 말을 못하는 걸까? 그 원인을 짚어야 했습니다. 곱씹어 보니, 문제는 제가 '빛 좋은 개살구'였다는 데 있었습니다. 신입으로서 정확하게, 또박또박, '아나운서답게' 말해야 한다는 강박이 있었고, 외면만 자꾸 치장하다 보니 말이 점점 더 어색해졌던 것입니다. 말의 알맹이를 채울 생각은 하지 않은 채 어떻게 하면 더 멋있게 들릴지만 고민하고 연습해 왔으니, 말 잘하는 '척'만 잘하게 된 것입니다.

그래서 저는 기본으로 돌아가, 말의 겉모습이 아니라 속을 채우는 연습부터 다시 시작했습니다. 화려한 표현이나 멋진 톤을 내려놓고, 진짜로 전달해야 할 말이 무엇인지부터 들여다보았습니다. 어떻게 들릴까보다는 무엇을 전할지를 더 고민하게 된 것입니다. 처음에는 어색했지만, 말의 알맹이가 채워지기 시작하자 차츰 말의 중심이 잡혀 나갔습니다.

방송도 점차 안정되기 시작했습니다. 뉴스 진행은 한결 자연스러워졌고, 이후에는 시사 라디오, 음악 프로그램, 생방송 인터뷰처럼 더 복잡하고 예측하기 어려운 프로그램의 진행도 맡게 되었습니다. 실력이 쌓이면서, 나중에는 〈사랑의 음악회〉, 〈119 소방동요대회〉처럼 관람객들 앞에서 순발력 있게 말해야 하는 대규모 행사까지 소화할 수 있게 되었습니다.

되풀이된 실수 속에서 저는 더욱 단단해졌고, 어떤 상황에서도 중심을 잃지 않으며 청중의 흐름을 따라 말을 이어 갈 힘을 갖게 되었습니다. 수없이 깨지고 무너지며 현장에서 익힌 경험들은, 지금의 커리어를 지탱하는 든든한 토대가 되었습니다.

면접장에서, 프레젠테이션에서, 회의 자리에서 여전히 많은 사람이 초보 아나운서 시절의 저처럼 말의 '겉모습'에만 집착합니다. 멋있어 보이기 위해 어렵고 화려한 말을 쓰고, 억양이나 제스처에만 집중하는 것입니다.

그러나 커리어에서 중요한 건 '그럴듯하게 말하는 기술'이 아

   1장 인생의 기회를 열어 주는 말

니라, 지금 이 자리에서 무엇을 어떻게 전달할 것인지를 빠르게 판단하고 말할 수 있는 진짜 실력입니다. 단정한 말투도 중요하지만, 핵심을 꿰뚫는 내용과 흐름이 빠져 있다면 그럴듯하게 포장된 속 빈 강정에 불과합니다. 특히 면접과 같은 커리어 스피치 상황에서는 스스로 어떤 경쟁력을 가지고 있는 사람인지를 알고 있는 것이 단단한 알맹이를 만드는 핵심입니다. 화려한 스펙을 보유하지 못한 사람이라 하더라도, 왜 해당 직무를 지원하게 되었는지, 그리고 자신만의 강점이 무엇인지를 끊임없이 생각해 온 사람이라면 그 단단한 내면이 면접관에게도 느껴지기 마련이니까요. 당신이 살아왔던 경험과 내적 동기를 찬찬히 잘 들여다보고, 자신에게 끊임없이 물어보기를 바랍니다. 왜 이 기회를 원하는지 자기 자신을 설득할 수 있는 사람이라면, 면접관도 설득할 수 있습니다.

변호사로서 협상 과정을 지켜볼 때면 말 한마디에 각 회사의 순이익이 적게는 몇천, 많게는 몇억 단위로 달라지는 장면을 목격하고는 합니다. 사업을 하든 직장생활을 하든 모두 마찬가지입니다. 말 한마디가 오가는 찰나의 순간에 몇 년의 이익이 달라지기도 하니, 그것이 영업이든 계약 체결이든 원하는 바를 정확하게 정리해서 전달하고, 원하는 결과로 협상을 잘 유도하는 능력을 갖춘 사람이 정말로 실력 있는 사람이라 할 수 있겠습니다.

이처럼 일하는 사람에게 '진짜 말 잘하는 능력'은 강력한 도구가 됩니다. 겉만 화려하게 꾸며진 말을 넘어, 내실도 탄탄히 채운 분들이라면 분명히 원하는 것을 손에 넣는 법을 터득할 수 있으리라 생각합니다.

타고난 말솜씨가 아닌 훈련으로 만든 설득력

저는 꽤 오랜 시간 동안 '말하는 직업'을 가져 왔습니다. 방송국에서 매일같이 뉴스를 진행했고, 대학 강의실에서는 수십 명의 학생 앞에서, 각종 특강에서는 수백 명의 청중 앞에서 조리 있고 유창하게 말해야 했습니다. 그래서일까, 저를 처음 만난 사람들은 "원래 말을 잘했어요?"라고 물어보곤 합니다. 그랬다면 참 좋았겠지만, 그렇지 못했습니다. 심지어는 아나운서라는 직업에 꽤 익숙해진 다음에도 저의 말하기 역량을 시험하는 새로운 도전이 어김없이 찾아왔습니다.

로스쿨 면접 준비도 저에게는 새롭고 어려운 관문이었습니다.

단순한 인성 평가라면 자신 있었겠지만, 로스쿨 면접은 그보다 훨씬 까다로웠습니다. 당일 현장에서 주어진 논제에 따라 집단 토론이 진행되는 형식이었기 때문에 지원자의 논리력과 말하기 역량, 특히 즉흥적인 대응 능력에서 뚜렷한 차이가 드러날 수밖에 없는 구조였습니다.

솔직히 말하자면, 말은 누구보다 많이 해 봤으니 연습을 따로 하지 않아도 잘할 수 있을 줄 알았습니다. 하지만 큰 오산이었습니다. 빠르게 논리를 구성해 면접관을 설득하고 반대 측과 맞붙어 순간순간 주도권을 가져와야 했는데, 방송국에 다니는 내내 토론을 진행만 해 봤지 직접 참여해 본 적은 별로 없었기에 잘 해낼 리가 만무했습니다.

그래서 자존심은 내려놓고 면접 스터디에 들어갔습니다. 시사 이슈를 정리하고 논리를 세우며, 매일같이 말의 구조를 다시 짰습니다. 나름 열심히 준비해 갔는데도 말은 자꾸 꼬이고, 논리는 어긋나고, 목소리는 떨렸습니다. 그럴 때마다 '이게 내 일인데, 왜 이러지?' 하는 자괴감이 쓰나미처럼 밀려왔습니다.

하지만 포기할 수는 없었습니다. 수치심과 자괴감을 딛고 거의 매일 면접 스터디에 출석했습니다. 최대한 많은 주제를 다루다 보면 분명히 방법이 생길 것 같았습니다. 그리고 그 판단은 옳았

   1장 인생의 기회를 열어 주는 말

습니다. 처음에는 말을 어떻게 구성해야 하는지도 잘 몰랐던 제가, 말의 구조와 뼈대를 점점 쌓아 올려 가며 빠르게 상대를 공격하고 방어할 수 있게 되었던 것입니다.

구조화의 중요성을 깨달았던 순간이었습니다. 한 번 적합한 구조를 몸으로 익혀 두니 한 단계 성장하게 된 것입니다. '제발 아는 주제 나와라'라고 기도하던 제가, 면접이 다가올 때쯤에는 '뭐가 나와도 상관없다'는 자신감을 가지게 되었습니다. 그리고 실제로 면접에 생전 처음 보는 주제가 나왔음에도 불구하고 자신 있게 새로운 주장을 논리적으로 펼칠 수 있었습니다.

말하는 직업을 가진 저 역시 지금도 스스로 부족함을 인정하고 채워 나가는 과정에 놓여 있습니다. 이처럼 말은 타고나는 재능이 아니라 갈고닦아 키우는 기술입니다. 아무리 말을 잘하는 사람이라도, 안 해 본 것을 단번에 잘할 수는 없습니다.

우리 뇌에는 '신경가소성'이라는 특징이 있습니다. 신경가소성은 뇌가 경험과 반복 훈련을 통해 스스로 구조를 바꾸는 능력을 말합니다. 말을 잘하기 위해 필요한 논리 구성력, 어휘 선택법, 목소리 조절법, 즉흥 대응력 등을 반복적으로 훈련하게 되면, 스피치와 관련된 뇌 속 신경회로가 강화되면서 점점 쉽게 말할 수 있게 된다는 것입니다.

예를 들어, 발표나 면접에서 '결론부터 말하기' 같은 구조를 지속적으로 연습하면 전두엽이 활성화되어 말의 흐름을 정리하는 능력이 좋아지고, 낭독이나 복식호흡을 꾸준히 훈련하면 말할 때의 긴장감과 떨림을 조절하는 감정 조절 회로가 강화됩니다.

그러니 지금 당장 말하는 것에 자신이 없다면, '아직 안 해 봐서 그렇다'라고 생각하면 됩니다. 강지영 아나운서의 홍명보 감독 인터뷰를 본 적이 있나요? 전설의 인터뷰로 남을 정도로 미숙한 인터뷰였지만, 강지영 아나운서는 지금 그 누구보다 담백하고 진솔하게 이야기를 잘하는 스타 아나운서로 등극했습니다.

초짜 시절은 누구에게나 있습니다. 그러니 당신도 할 수 있습니다. 스스로가 참을 수 없이 부족한 존재로 느껴진다면, 누구에게나 첫걸음을 내딛는 순간이 있음을 생각해 보면 어떨까 싶습니다. 완벽하지 않아도 괜찮습니다. 조금씩 반복적으로 나아가는 연습이 결국 실력을 키우고, 당신의 커리어 여정을 바꿔 줄 것입니다.

능력치는 비슷한데, 왜 유독 그 사람만 기억에 남을까?

좋은 커리어는 '잘 선택받는 것'으로부터 출발합니다. 입사할 때도, 부서를 옮길 때도, 새로운 기회를 제안받을 때도 우리는 누군가로부터 선택을 받아야 합니다. 문제는 이력서만으로는 사람을 선택하기가 어렵다는 점입니다. 성적도, 자격증도, 경력도 어느 시점부터는 평준화됩니다. 그럴 때 마지막 기준은 결국 그 사람만의 매력이 됩니다. 그리고 그 매력은 대부분 '말'에서 드러납니다. 단지 유창하게 말하는 능력을 넘어, 나의 관점과 문제 해결 방식, 일의 진행 상황 등을 명확하게 설명할 수 있는 사람이야말로 선택받을 확률이 높아집니다.

저 역시 몇 차례의 커리어 전환을 겪으며, '내가 왜 이 자리에 적합한 사람인지'를 말로 정확히 표현할 수 있어야 한다는 사실을 절실히 깨달았습니다. 방송국에서도, 강의실에서도, 로펌에서도, 비슷한 업무 능력을 가진 사람들 중 누가 스스로의 역량에 대하여 명확하게 설명하고 설득력 있게 전달하느냐에 따라 주어지는 기회의 양과 질이 확연히 다르다는 것을 느꼈습니다.

기회를 유독 많이 잡아내는 사람들에게는 공통점이 있습니다. 그들은 자신의 경험을 정리해 스토리로 만들 줄 알고, 자신의 역량과 비전을 구조화된 말로 표현할 수 있는 '언어적 자기관리'가 되어 있는 사람들입니다.

취업의 관문에서, 그리고 회사에서 일을 하다 보면 성과를 드러내야 할 순간들이 반드시 찾아옵니다. 심혈을 기울여 성공해낸 프로젝트, 밤새우며 준비한 행사 등 자신을 갈아 넣으면서 쟁취한 기회들은 반드시 제대로 알릴 필요가 있습니다.

부끄러울 수도, 낯간지럽게 느껴질 수도 있지만, 제대로 알리지 않으면 정말 큰 성과임에도 당연한 듯 넘어가거나 안타깝게 묻혀 버리는 경우가 많습니다. 예를 들어, 정말 어렵게 까다로운 클라이언트를 설득해 계약을 따냈다고 해 봅시다. 아무런 말도 하지 않는다면 과연 본인의 일만으로도 바쁜 상사가 당신의 성과를 '먼저' 알아차리고 '대단하게' 생각해 줄까요? 전혀 아닙니

 1장 인생의 기회를 열어 주는 말

다. 아마도 덤덤히, 당연한 듯 넘어갈 확률이 높습니다.

그렇다면 도대체 어떻게 알리면 좋을까요? 첫 번째 방법은 바로 '숫자'를 사용하는 것입니다. 단순히 "부장님, 이번에 계약 따냈습니다"라고만 이야기하기보다는 "부장님, 이번에 경쟁 업체 20곳을 제치고 회사 이익의 5%를 차지하는 계약을 따냈습니다. 매달 매출이 1억 원씩 늘어날 것으로 보입니다"라는 식으로 숫자를 사용하여 구체적으로 설명하는 것입니다. 숫자를 사용해서 해석을 덧붙이며 당신의 성과를 강조해 주는 방법입니다. 한 귀로 듣고 흘리던 부장님도 사장님께 바로 보고를 올릴 수밖에 없게 됩니다. 숫자로 이야기하면 상대방의 머릿속에 깊게 각인되는 효과가 있을뿐더러, 보고를 올릴 때도 훨씬 더 효과적으로 전달할 수 있습니다.

두 번째 방법은 '비교'를 통해 전달하는 것입니다. 단순히 "이번 계약을 따냈습니다"보다는, "중소기업 중에 처음으로 계약을 체결했습니다", "경쟁 업체는 5년째 시도 중인데 단 한 번도 계약을 체결하지 못했습니다"처럼 비교 우위를 전달하는 기법입니다. 같은 말이지만, 보고받는 사장님의 기분이 달라질 겁니다.

이렇게, 같은 일이라도 '잘 알리는 사람'이 눈에 띄는 것은 당연합니다. 사실만을 있는 그대로 전달하기보다는 어떻게 더 강조할 수 있을지, 어떤 비교를 통해 내가 이 회사에 필요한 인재라는 것을 알릴 수 있을지를 보고 직전에 반드시 고민해 보기 바랍니다.

취업 준비생의 경우에도 마찬가지입니다. 대학에서 장학금을 받았다는 것은 정말 대단한 일임에도 불구하고 "장학금을 몇 번 수령하였습니다"로 언급하고 넘어가는 경우가 많습니다. 같은 내용이라도 "모든 학기 1등으로 전액 장학금을 받았습니다", "저희 학과가 대형 학과라 정원이 300명인데, 그중에 2등으로 졸업하였습니다"라는 식으로 최대한 본인이 가진 강점을 귀에 쏙쏙 들어오게 강조해 줄 필요가 있습니다.

커리어에서 가장 오래 남는 브랜딩은 '말'입니다. 말만큼 나를 또렷하게 각인시키는 수단도 드물기 때문입니다. 첫술에 배부를 수는 없겠지만, 한 번 익혀 두면 진득하게 오래도록 써먹을 수 있습니다.

나의 강점과 매력을 말로 정확하게 표현하는 것, 그것이 바로 커리어에서 우위를 점하는 사람들의 특징입니다.

당신의 '말하기 이력서'는 준비되어 있나요?

면접처럼 자신의 경험과 생각을 이야기해야 하는 순간에는 그 사람의 삶이 함께 드러나게 됩니다. 하이데거는 "말은 존재를 드러내는 방식이다"라고 말했습니다. 즉, 한 사람의 언어는 곧 삶 자체를 드러내는 것이고, 그 속에 묻어 나오는 태도는 곧 함께 일할 수 있는 사람인지 아닌지를 가르는 기준이 됩니다. 따라서 면접관들은 지원자의 말에서 삶에 대한 태도, 자신에 대한 확신 등을 읽어 내려고 합니다. 말로 기회를 잡는 사람은 어떤 마인드셋을 가지고 있을까요?

말을 잘하고 싶어 하는 사람은 많지만, 정작 자신이 말하기를 어려워하는 이유를 정확히 짚는 사람은 드뭅니다. 대부분은 어휘력이 부족해서, 혹은 순발력이 없어서라고 생각합니다. 하지만 실제로는 그것보다 더 깊은 문제가 있습니다. 바로 자기 생각에 대한 확신 부족입니다.

우리는 자기 생각을 진심으로 믿을 때 자연스럽고 단단하게 말할 수 있습니다. 반대로, 말하고 있는 내용에 대해 스스로 확신이 없다면, 그 불안은 목소리, 눈빛, 억양, 손짓 등 다양한 비언어적 신호로 그대로 드러나게 됩니다. 목소리는 작아지고, 문장은 중간에 끊기며, 어조에는 망설임이 섞이게 되지요. 이런 미묘한 신호는 듣는 사람에게도 즉각적으로 감지됩니다.

리처드 E. 페티(Richard E. Petty)의 자기 확신 가설 연구에 따르면, 화자 스스로 생각에 대한 자신감(Thought Confidence)을 얼마나 가지고 있느냐가 설득력에 결정적인 영향을 미친다고 합니다. 자신감이 높으면 설득력이 증가하고, 자신감이 없으면 설득력이 약화된다는 것입니다.

설득력 있는 말하기에서 자기 확신은 매우 중요한 부분을 차지합니다. 자신을 먼저 설득해야 타인에게도 신뢰를 줄 수 있습니다. 감정적으로 확신이 실린 말은 단어가 부족해도 힘이 있고, 논리가 부족해도 울림이 있습니다.

구범준 PD의 〈세상을 바꾸는 15분〉이라는 프로그램에, 지금은 고인이 되신 유튜버 새벽이라는 분이 출연한 적이 있습니다. 울먹이면서 조금은 서툴게 이야기를 전했지만 그 누구보다 설득력과 울림을 가진 말하기를 보여 줬습니다. 전달하고 싶은 메시지가 명확했기에 청중들에게도 그 마음이 와닿았던 것이라 생각합니다.

저 또한 지금까지 떨어졌던 아나운서 시험들을 돌아보면 참 자기 확신이 없었습니다. 왜 아나운서가 되고 싶은지도 명확하지 않았고, 강점이 무엇인지도 잘 알지 못했습니다. 돌아보니 스스로에 대한 자신감이 별로 없었기에 면접관을 잘 설득하지도 못했던 것이 아닐까 싶습니다. 솔직한 지원 동기를 생각해 보고, 스스로 납득할 수 있게 되었을 때에야 자기 확신이 점차 생기기 시작했습니다. 그리고 그것이 당락을 결정하는 데 큰 영향을 미쳤으리라 생각합니다.

스스로 나아가고자 하는 방향에 대해서 왜 이 길이어야 하는지, 왜 이 일이 하고 싶은지를 꾸준히 생각해 보길 바랍니다. 예를 들어 영업 담당자라면 판매하는 상품이 좋은 이유에 관해 누구보다 명확한 확신이 있어야 합니다. 내적인 동기를 가지고 스스로 나아가고자 하는 방향에 대한 믿음과 확신을 그려 나가는 연습을 꾸준히 반복한다면, 커리어의 여정에서 더 자주 선택받게 될 것입니다.

말은 무의식적으로 반복되는 습관이다

말하기 실력을 키우고 싶다면 먼저 점검해야 할 것이 있습니다. 바로 평소의 말 습관입니다. 예를 들어, 평소 욕설을 자주 사용하던 사람은 상사가 옆에 타 있더라도 앞차가 갑자기 끼어드는 순간 욕설을 내뱉게 됩니다. 자기도 모르게 반사적으로 나타나는 행동입니다. 심지어 말을 업으로 삼는 기상캐스터나 쇼호스트들 중에서도 방송 중 자기도 모르게 욕설을 내뱉어 해고당하는 웃지 못할 사례들이 있습니다.

사람들은 자신이 조심하면 좋지 못한 말 습관을 피할 수 있다고 생각하지만, 그렇지 않습니다. 면접이나 발표 등 중요한 순간들에는 대체로 긴장을 하고 있기 때문에 나도 모르게 좋지 않은 말 습관이 튀어나오기 마련입니다. 다음 체크리스트를 통해 현재

   1장 인생의 기회를 열어 주는 말

말하기 실력을 점검해 보길 바랍니다.

말하기 이력서: 지금 점검해야 할 5가지 기준

— 나의 말하기 실력, 지금 어느 단계에 있을까?

총점을 통해 현재의 말하기 등급을 확인해 봅시다.

· 점수 매기는 방법

각 문항마다 다음 기준으로 점수를 매겨 보세요.

3점: 항상 그렇다

2점: 가끔 그렇다

1점: 거의 그렇지 않다

1. 한 번에 알아듣게 말하고 있는가?

1) 말끝을 흐리지 않고, 마지막 단어까지 분명하게 발음한다.

2) 상대가 "다시 말씀해 주세요"라고 요청하는 일이 없다.

3) 온라인 회의나 전화에서도 전달력이 떨어지지 않는다.

총점 (/ 9점)

2. 말에 구조가 있는가?

1) 결론 → 이유 → 사례 순서로 막힘없이 말할 수 있다.

2) 중요한 내용을 핵심 중심으로 정리해 말하는 편이다.

3) 즉흥적인 질문에도 두서 있게 대응할 수 있다.

총점 (/ 9점)

3. 말하는 속도와 억양이 듣기 좋은가?

1) 말이 너무 빠르거나 숨이 가빠 보이지 않는다.

2) 중요한 부분에서 속도를 조절해 말할 수 있다.

3) 멈춤, 끊어 읽기, 쉼표가 자연스럽게 들어간다.

총점 (/ 9점)

4. 긴장 속에서도 말이 무너지지 않는가?

1) 발표나 면접 상황에서도 목소리를 안정적으로 유지한다.

2) 감정이 격해져도 어조나 말의 구조가 흔들리지 않는다.

3) 문장을 중단하지 않고 끝까지 매끄럽게 마무리할 수 있다.

총점 (/ 9점)

5. 말로써 나를 제대로 보여 주고 있는가?

1) 자기소개나 경력 설명에 나만의 관점을 담고 있다.

2) 진부한 표현보다 구체적이고 생생한 언어를 선택한다.

3) 상대방이 "이해가 잘 된다", "신뢰가 간다"라는 반응을 보인다.

총점 (/ 9점)

총점 (/ 45점)

• **말하기 등급표**

1. 40점 이상

– 또박또박 정리왕

어떤 상황에서도 말의 흐름을 잃지 않습니다. 결론부터 말할 줄 알고, 갑작스러운 질문에도 당황하지 않고 차분하게 구조를 갖춰 답합니다. 말에 힘이 있으면서도 조리 있고, 들을수록 설득력이 높아져 회의 자리에서는 자연스럽게 "그 말이 맞다"는 공감이 따라옵니다. 속도, 어조, 멈춤의 타이밍까지 스스로 조절할 줄 알기 때문에, 듣는 사람들은 긴장감 없이 당신의 말에 집중하게 됩니다. 면접에서는 논리와 신뢰를 동시에 보여 주는 지원자로, 동료에게는 흐름을 정리해 주는 든든한 파트너로, 상사에게는 맡기면 알아서 잘할 것 같은 안정감을 주는 사람으로 느껴지게 됩니다. 말투

하나로 신뢰를 얻고, 구조 있는 답변으로 실력을 드러낼 줄 아는
진정한 실력자입니다.

2. 30점에서 39점 사이
– 기본기 탄탄한 열정이

말하고자 하는 바를 전하려는 의지가 분명하고, 말에 에너지가 살
아 있습니다. 듣는 사람에게 진심이 잘 전달되며, 회의나 면접 같
은 공식적인 자리에서도 주저 없이 자신의 생각을 표현할 수 있는
강점을 지녔습니다. 말의 톤과 표정, 손짓에서도 생동감이 느껴지
며, '하고 싶은 말이 많은 사람'이라는 인상을 줍니다.

다만 말의 속도가 빠르거나 감정이 앞서는 경향이 있어, 전달하고
자 하는 핵심이 흐려질 때가 있습니다. 말이 쏟아지듯 흘러나오다
보면 구조가 흔들리고, 요점을 지나치는 경우도 종종 발생합니다.
질문에 대한 정확한 답변보다는 하고 싶은 말을 먼저 꺼내는 경우
도 있습니다.

하지만 기본적인 표현력과 말의 에너지가 뛰어난 편이므로, 속도
조절과 핵심 요약 능력만 더해지면 훨씬 설득력 있는 화자가 될
수 있습니다. 말의 흐름을 한 박자 늦추고, "지금 이 말의 핵심은
무엇인가?"를 스스로 점검하는 습관을 들인다면, 강한 인상을 남

기면서도 안정감 있는 말하기가 가능해질 것입니다.

3. 20점에서 29점 사이
– 머뭇머뭇 고민이

하고 싶은 말은 분명히 있습니다. 시선도 깊고, 남들이 미처 보지 못하는 부분까지 세심하게 바라보는 사람입니다. 아이디어나 통찰은 충분히 가지고 있지만, 말문을 열려는 순간 머릿속에서 생각이 한꺼번에 밀려 나와 정리가 되지 않습니다. 말하려던 핵심은 자꾸 밀리고, 설명 도중 말이 엉키거나 문장이 중간에 끊어지기도 합니다. 그래서 겉으로는 조용하고 말수가 적은 사람처럼 보이지만, 실제로는 '괜히 어설프게 말하느니 차라리 안 하겠다'는 판단을 하고 말을 아끼고 있는 경우가 많습니다.

이 유형은 말의 기술보다 생각의 무게가 더 큰 사람입니다. 문제는 표현력이 아니라, 자신감입니다. 말이 막히는 이유는 생각이 없어서가 아니라, 머릿속 생각을 논리적으로 꺼내 놓는 데 두려움이 있기 때문입니다. 이런 사람에게 지금 필요한 건 완벽한 문장이나 화려한 말솜씨가 아닙니다. 자신이 보고 생각한 것을 믿고, 한 문장씩 천천히 꺼내 보는 연습입니다. 핵심 키워드 하나, 짧은 결론 하나라도 먼저 꺼내 보며 말의 흐름을 열어 가는 경험이 쌓일 때 비로소 말의 구조도 따라오게 될 것입니다.

4. 19점 이하

– 말 앞에 작아지는 소심이

혼자 준비할 땐 괜찮습니다. 하지만 막상 사람들 앞에 서는 순간, 목소리가 작아지고 말이 끊깁니다. 내용은 머릿속에 분명히 있는데, 입을 여는 순간부터 자신감이 무너집니다. 말실수를 두려워하고, 틀릴까 봐 망설이다 기회를 놓치는 일도 많습니다. 지금 필요한 건 말의 기술이 아니라, 말하는 나 자신에 대한 믿음입니다.

잘 말하는 연습보다 먼저 해야 할 일은 '말할 수 있다'는 감각을 되찾는 것입니다. '어떻게 말할까'보다 '말해도 괜찮다'는 자신감을 회복하는 게 먼저입니다. 말의 형식을 익히는 것보다, 스스로를 다독이는 것부터 다시 시작해야 합니다.

말을 잘하고 싶다는 생각이 들었다면, 이미 절반은 시작한 것입니다. 자기 자신을 대견하게 여겨 줄 필요가 있습니다. 하지만 여전히 입을 여는 순간 안으로부터 솟는 압박감과 두려움이 더 크다면, 말 앞에서 흔들리지 않는 마음의 구조부터 점검해야 합니다. 2장에서는 '왜 우리는 말 앞에서 작아지는지', 그리고 그 막힘을 어떻게 풀어낼 수 있는지를 함께 짚어 보겠습니다.

말 앞에서 작아지는 사람들

"떨려서 말이 안 나와요"라는 말 뒤에 숨은 진심

"저 진짜 떨려서 말이 안 나와요… 무대에만 서면 아무 생각도 안 나고, 손까지 덜덜 떨려요."

스피치를 배우러 오는 분들이 가장 많이 털어놓는 고민입니다. 흔히 '무대 공포증', '발표 공포증'이라고 부릅니다. 사실 저 역시 여전히 떨립니다. 새로운 프로그램이나 낯선 행사, 중요한 면접 자리에서는 솔직히 긴장합니다. 수도 없이 사회를 맡았던 결혼식 이지만, 정말 가까운 친구의 부탁으로 마이크를 잡았던 날은 오히려 더 부담스럽고 떨렸습니다. 하객석에 아는 얼굴이 많다 보니, 매일 하는 생방송보다도 훨씬 긴장되었습니다. 그러니 떨린다고 해서 이상한 것이 아닙니다. 지극히 자연스러운 일입니다. 중요한 것은, 떨리는 상태에서도 말을 이어 가는 방법을 배우는 것입니다.

① 심리적 연습: 떨림을 '에너지'로 바꾸기

무대에 서면 손바닥이 축축해지고, 심장이 빨라지며, 숨이 가빠집니다. 많은 사람이 이를 불안이나 공포로 받아들이지만, 사실 이것은 몰입의 신호이기도 합니다. 저는 이 감각을 '좋은 긴장'이라고 부르기 시작하면서 떨림을 다룰 수 있게 되었습니다.

"불안하다" → "긴장된다" → "몰입된다"
"무섭다" → "에너지가 솟는다"

이처럼 감정을 재구성하는 심리적 프레임 전환은 실제로 효과가 있습니다. 몸의 반응을 지나치게 과장하여 해석하지 않게 되고, 떨림이 단점이 아니라 몰입의 전조로 느껴지기 때문에 자연스럽게 마음이 편안해집니다.

또 하나의 중요한 마음가짐은 '실수해도 괜찮다'고 생각하는 것입니다. 청중은 화려한 말보다 진심에 더 반응합니다. 〈유 퀴즈 온 더 블록〉이라는 프로그램을 떠올려 봅시다. 게스트가 중간에 버벅거리거나 문장을 틀리더라도, 눈빛과 목소리에 진심이 담겨 있기 때문에 더 집중해서 시청하게 되지 않던가요?

청중은 완벽한 문장이 아니라, 진심을 기억합니다. 그러니 실수해도 아무런 문제가 없습니다. 털어놓자면, 아나운서들도 종종 오독을 하며, 크고 작은 실수도 많이 합니다. 그러니 조금 실수하고 서툰 모습을 보이더라도 당신의 마음이 상대방에게 느껴진다면, 그리고 명확히 전달하고자 하는 바를 전했다면 이미 말하기의 목적은 달성한 것이라 볼 수 있겠습니다.

② 기술적 연습: 긴장 상태에서도 말을 꺼내기
실제로 긴장한 상황에서 바로 쓸 수 있는 세 가지 훈련법을 정리했습니다.

첫 번째는 '짧은 문장으로 끊어 말하기'입니다. 긴장하면 문장이 길어지고, 호흡이 끊기며 말이 꼬이기 쉽습니다. 긴장되는 스피치를 앞두고 있다면, 최대한 단문으로 짧게 끊어 이야기할 것을 권합니다.

"오늘 발표할 주제는 두 가지입니다. 첫째, 문제의 배경입니다. 둘째, 해결책입니다."

　이런 식으로 구조화된 짧은 문장을 익혀 두면, 순간의 떨림에도 말의 흐름을 잃지 않을 수 있습니다.

　두 번째는 '목소리를 위에서 아래로 떨어뜨리기'입니다. 떨리면 목소리가 올라갑니다. 그래서 조금 격앙되어 보이거나, 굉장히 긴장한 사람처럼 보일 수 있습니다. 의도적으로 끝 음을 낮추는 훈련이 필요합니다.
　"안녕하세요↘", "지금부터 발표를 시작하겠습니다↘"
　이렇게 톤을 살짝 낮추면 듣는 이도 안정감을 느끼고, 말하는 나 역시 차차 중심을 잡게 됩니다.

　세 번째는 '말하기 전 한 박자 멈추기'입니다. 긴장한 상태에선 말의 속도가 빨라집니다. 이때는 오히려 한 박자 쉬는 것이 약이 됩니다. 저 또한 성격이 급하고, 긴장하면 말이 빨라지는 습관이 있기 때문에 무대에 오르기 전 반드시 심호흡을 하고, 첫 문장 전 1초를 멈춥니다. 이 작은 멈춤이 발표 전체의 리듬을 바꾸고, 긴장을 완화시켜 줍니다. 너무 떨린다면, 잠시 멈췄다가 다시 시작해도 괜찮습니다. 오히려 사람들의 집중을 더 끌어내는 효과가 있으니, 잠깐 마음을 다잡고 가시는 것을 추천합니다.

　　　　　　　　　　　　2장　말 앞에서 작아지는 사람들

③ 루틴 훈련: 아나운서의 긴장 관리법

제가 방송을 앞두고 매번 실천하는 세 가지 루틴이 있습니다. 거창한 준비가 아니라, 항상 반복 가능한 작고 구체적인 루틴입니다.

먼저, 첫 문장을 미리 입 밖으로 꺼내 봅니다. 대본이 있더라도, 첫 문장만큼은 보지 않은 채로 입 밖으로 말하는 연습을 여러 번 합니다. 머릿속에서 구상한 문장과 실제 말하는 느낌은 정말 다릅니다. 긴장되면 첫 문장을 말하기가 참 어려운데, 이미 입에 익숙해진 첫 문장을 내뱉는 순간 긴장이 완화되는 경우가 많습니다. 현장에서 자주 쓰는 말로는 "입에 붙인다"라고 하는데, 최대한 문장을 입에 붙인 다음 무대 위에 올라가면 놀랍도록 차분한 자신의 모습을 마주할 수 있게 됩니다.

그다음으로는 몸을 풉니다. 무대에 오르기 전, 어깨를 앞뒤로 돌리고, 턱을 좌우로 풀어 줍니다. 몸이 굳으면 말도 굳기 때문입니다. 방송국 대기실에서는 진행자들끼리 몸과 입을 같이 풀기도 합니다. 특히 스트레칭에 집중하다 보면 자연스럽게 떨림에 대한 생각을 덜 하게 되어 훨씬 마음이 편해지는 효과가 있습니다. 잠시 유튜브에서 5분 스트레칭 영상 등을 켜 두고 목과 어깨의 긴장을 풀어 보는 것을 추천합니다.

무대에 선 뒤에는 편안하게 느껴지는 사람에게 시선을 둡니다. 긴장은 대본에만 집중할 때 더 커집니다. 우선 청중 중 가장 편안한 인상을 가진 사람을 몇 명 고릅니다. 그리고 "지금 저 사람들에게만 말을 건넨다"는 생각으로 말을 하면, 훨씬 더 편안하게 이야기할 수 있게 됩니다. 정말 너무 떨린다면, 가족이나 친구 등 평소 편안히 이야기할 수 있었던 사람을 앞에 앉혀 두는 것도 좋은 방법입니다.

무대 공포는 마음가짐으로 충분히 다룰 수 있습니다. 저도 여전히 떱니다. 하지만 그 떨림에도 불구하고 말할 수 있도록 준비하고 훈련했기에 이제는 그 떨림을 자연스럽게 받아들입니다. 중요한 것은 멈추지 않는 용기입니다. 떨리고, 실수하고, 두렵더라도, 포기하지 않고 전달해 나가다 보면 차차 편안하게 잘 이야기하고 있는 자신의 모습을 확인할 수 있을 것입니다.

입만 떼려고 하면 머리가 하얘지는 사람들

말을 하려 했는데 입이 떨어지지 않습니다. 머릿속에서는 분명히 무언가를 바쁘게 준비하고 있었지만, 입 밖으로 꺼내려는 순간 말이 막혀 버립니다. "할 말은 있었는데…"로 시작하는 이 상황. 대체 왜 자꾸 머리가 하얘지는 걸까요? 많은 사람이 떨림이나 불안 탓으로 돌리지만, 이건 단순한 긴장이 아닙니다. '마비'에 가깝습니다. 두뇌가 감정과 정보 처리에 동시에 과부하를 일으켜, 말 그대로 고장이 나는 것입니다.

특히 생각이 많은 사람일수록 머리가 하얘지기 쉽습니다. 그들은 머릿속에 떠오르는 말들을 일일이 검열합니다. "이 표현은 적절할까?", "지금 이 문장이 매끄러운가?", "좀 더 좋은 단어가 있지 않았나?" 이렇게 자신에게 자꾸만 질문을 던지다 보면, 입은 출발을 못 하고, 청중의 시선은 압박처럼 느껴집니다. 그리고 그 불안은 다시 두뇌를 멈춰 세웁니다.

이런 상태를 심리학에서는 '인지적 과부하(Cognitive Overload)'라고 부릅니다. 미국 웨스트버지니아대학교의 폴 E. 킹(Paul E. King)과 앰버 N. 핀(Amber N. Finn) 교수는 2017년 발표한 연구에서, 말이 막히는 현상은 머릿속에서 벌어지는 자기검열과 감정 조절 시도가 너무 과할 때 발생한다고 발표했습니다. 생각 과잉이 말하기 흐름을 방해한다는 것이 이 연구의 핵심입니다.

또한, 제임스 C. 맥크로스키(James C. McCroskey) 교수는 공적 말하기 불안 척도를 통해, 공적 말하기에서 불안을 크게 느끼는 사람일수록 집중력과 정보 처리 능력이 감소한다는 연구 결과를 발표했습니다. 불안 척도가 높아질수록 발표자가 명확하게 전달할 수 있는 능력이 현저히 감소하며, 결과적으로 발표의 질이 떨어질 수 있다는 것입니다. 즉, 불안할수록 정보 처리 능력이 감소하기 때문에 생각은 많은데 말이 정돈돼서 나오지 않게 되는 것입니다.

불안함을 잘 느끼는 사람들은 완벽주의 성향을 가진 경우가 많습니다. 생각 과잉도 사실은 '완벽하게 잘해 내고 싶은 마음'에서 시작되는 것입니다. 완벽주의자들은 말을 할 때에도 '완벽한 문장'을 준비한 후에야 시작하려고 합니다.

하지만 실제로 말을 잘하는 사람들은 문장을 완벽하게 구사하기보다는, 오히려 조금 서툴더라도 말을 하며 생각을 정리하고, 흐름에 따라 구조를 수정할 수 있는 능력을 갖추고 있습니다. 어떻게 하면 편안하게 이야기할 수 있을까요?

말이 막히는 순간, 흐름을 되살리는 첫 번째 방법은 '지금 아는 것부터 말하기'입니다. 질문을 받고 머리가 멈췄다면, '정답'을 찾으려 애쓰지 말고 지금 내가 알고 있는 것부터 말해 봅시다. "이 질문을 들으니 떠오른 건…", "제가 겪은 바로는…"처럼 자신의 기억이나 경험을 출발점으로 삼으면 부담이 확연히 줄어듭니다. 말이 막힌 이유가 정리가 안 돼서라면, 먼저 한 줄이라도 꺼내는 것이 곧 정리의 시작이 됩니다.

두 번째 방법은 '핵심 단어를 먼저 뱉는 것'입니다. 문장을 완성하려고 머뭇거리기보다는 핵심 단어를 먼저 입 밖으로 내보내는 전략입니다. "핵심은 가격입니다", "이유는 두 가지입니다"처럼 말의 중심을 먼저 제시하면 그 뒤의 설명이 한결 수월해집니다. 핵심어는 머릿속 말을 한 방향으로 정리해 주는 기준점이 되어 여러분의 말이 길을 잃지 않도록 도와줍니다.

세 번째 방법은 '연결어로 빈칸 건너가기'입니다. 말이 막힌 사람은 보통 말을 중간에 끊어 버리곤 합니다. 하지만 연결어를 사용하면 말의 흐름을 자연스럽게 유지할 수 있습니다. "정리하자면…", "중요한 건…"처럼 자연스럽게 다음 말로 이어 가는 연습을 반복해 봅시다. 상대도 천천히 여유를 가지고 듣게 될 것입니다.

다음의 연습법들은 말문이 순간 막히더라도 흐름을 되찾을 수 있다는 자신감을 키우는 훈련입니다.

① 1분 브리핑 훈련

매일 뉴스 기사 하나를 골라 1분 안에 말로 요약해 봅니다. 핵심은 '첫 문장을 빠르게 꺼내는 훈련'입니다. (예: "이 기사는 부동산 공시가격 조정과 관련된 정책 변화에 대한 기사입니다. 핵심은 세 가지입니다.") 구조화된 첫 문장을 연습하다 보면 횡설수설하는 일이 확연히 줄어들게 됩니다.

② 10초 응답 훈련

가상의 질문을 20개 정도 만들어 놓고, 질문을 본 뒤 10초 안에 무조건 말문을 엽니다. 이 훈련의 목적은 '완벽한 문장'보다

'반응하는 입'을 만드는 것입니다. 완벽한 답을 외우기 위한 훈련이 아니라, 순발력을 키워 투박하더라도 재치 있는 답변을 할 수 있는 실력을 만들어 내는 연습입니다.

③ 연결어로 넘어가기 훈련

녹음기를 켜 놓고 주제 하나를 정해 말하다가, 중간에 막히면 그 자리에서 끊지 않고 연결어로 넘기는 연습을 합니다. (예: "특히", "그러면서", "무엇보다", "한편으로는", "결국") 이렇게 흐름을 살리는 연습을 반복하면, 실제 발표나 면접에서도 말을 끊지 않고 유지할 수 있습니다.

머릿속이 하얘졌다는 건, 생각이 없다는 뜻이 아닙니다. 오히려 너무 많은 것을 한꺼번에 꺼내려다 말의 흐름이 막힌 상태에 가깝습니다. 이럴 땐 완벽한 문장을 기다리지 말고, 지금 떠오르는 말부터 한 줄 꺼내 봅시다. 그 한 줄이 바로 자신감을 되찾는 열쇠가 될 것입니다.

당신의 말 습관은 어디에서 왔을까?

말하는 습관을 고치고 싶다는 사람들은 종종 이렇게 말합니다. "말을 시작하려고 해도 말문이 막혀서 잘 안 나와요", "말을 하면 나중에 꼭 후회하게 돼요", "대화하다가 괜히 분위기 흐릴까 봐 조심하게 돼요", "말이 많은 편인데, 횡설수설한다는 이야기를 들어요" 등 표현은 제각각이지만 '말이 마음대로 안 된다'고 느낀다는 공통점이 있습니다.

마음 같지 않은 말 습관의 기저에는 우리의 성장 배경과 감정 기억, 그리고 환경에 따른 반복 학습 등의 요인들이 숨어 있습니다. 평소 말실수를 자주 했던 기억이 있거나 사람들 앞에서 망신을 당했던 경험이 있는 경우, 너무 세게 말해서 관계가 파국으로

    2장 말 앞에서 작아지는 사람들

흘러갔던 경험들이 우리 말투의 뿌리를 만드는 것입니다. 내가 현재 사용하는 말에는 과거의 흔적이 남아 있다는 것이지요. 그렇다면 마음에 안 드는 내 말 습관은 대체 어디에서 온 걸까요?

내향적이고 말수가 적어도 한 번 말할 때 명확하게 전달하는 사람이 있는 반면, 외향적이고 말하기를 좋아하지만 말을 할 때 논리가 흐트러져 전하고자 하는 내용을 이해하기 어려운 사람도 있습니다. 그래서 성격이 아닌 '행동 패턴'으로 말 습관을 분류할 필요가 있습니다. 이 책에서는 말 습관의 특징을 크게 네 가지 유형으로 나눕니다.

① 불안형: 말의 시작을 두려워하는 사람

말을 꺼내기 전부터 머릿속이 하얘지고, "이 말을 해도 괜찮을까?"를 먼저 떠올립니다. 완벽한 문장을 머릿속에서 만든 뒤에야 입을 열 수 있을 것 같은 부담이 있습니다. 실수하거나 정리되지 않은 말을 꺼내는 것에 대한 두려움이 강해 대화나 발표에서 항상 시작이 늦습니다. 입사나 이직 초반에는 '조용한 사람'으로 받아들여질 수 있지만, 시간이 지날수록 '의견이 없는 사람'이라는 오해를 받기 쉽습니다.

② 충동형: 생각보다 말이 먼저 튀어나오는 사람

회의나 보고 자리에서 감정이 먼저 말에 실리는 경우가 잦습니다. 말을 하고 나면 항상 뒤늦게 "내가 너무 세게 말했나?" 하고 후회합니다. 한마디로, 말은 강하지만 뒤처리가 약한 유형입니다. 때로 강단 있는 사람처럼 보이기도 하지만, 중요한 순간 말이 흘러넘쳐 신뢰를 깎아 먹을 수 있습니다. '직설적인 스타일'이라 포장되기도 하지만, 협업에선 오해와 충돌이 잦아지기 마련입니다.

③ 회피형: 하고 싶은 말이 있어도 삼키는 사람

말할 기회가 와도 끝까지 말을 꺼내지 못합니다. 내 의견이 정당하더라도 분위기를 해치기 싫어 침묵하거나, "내가 참자"라는 생각으로 자신을 설득합니다. 피드백이나 제안도 혼자서만 곱씹고 넘어갑니다. 커리어에서는 '순응형'으로 보이지만, 결국엔 중요한 기회 앞에서나 자기주장이 필요할 때 뒤처지게 됩니다. 장기적으로는 자기효능감이 낮아지고, 말에 대한 자신감도 점점 줄어듭니다.

④ 혼란형: 말은 많지만 중심이 없는 사람

할 말은 많은데, 전달이 안 되는 사람입니다. 발표나 보고에서

   2장 말 앞에서 작아지는 사람들

정보는 많지만 구조가 없습니다. 핵심을 못 잡는다는 피드백을 자주 받습니다. 말의 흐름을 정리하거나 요약하는 데 어려움이 있고, 말이 꼬이거나 주제가 자꾸 샛길로 빠집니다. 커리어 초기에는 '성실하고 적극적인 스타일'로 보이지만, 시간이 지날수록 '포인트를 못 잡는 사람'이라는 이미지가 생깁니다.

말 습관 유형 체크리스트

아래 항목을 보고 자신에게 해당하는 문장 수를 확인해 봅시다. 각 유형마다 '예'가 3개 이상이면 그 유형의 특성이 강하게 나타나는 편입니다. 복수 유형에 해당할 수도 있습니다.

1. 불안형 – 말문이 막히는 사람

1) 발표 직전, 머릿속이 하얘진다.

2) 질문을 받으면 대답보다 정답을 먼저 찾으려 한다.

3) "내가 이 말을 해도 괜찮을까?"라는 생각이 먼저 든다.

4) 실수에 대한 걱정 때문에 말을 꺼내지 못한 적이 많다.

2. 충동형 – 말이 앞서는 사람

1) 감정이 섞인 말로 분위기를 망친 적이 있다.

2) 말을 꺼낼 때마다 강한 확신이 앞서고, 나중에 후회한다.

3) 누군가 말이 길어지면 끼어들고 싶은 충동이 있다.

4) 전달보다 자신의 감정이 우선된 말이 많다.

3. 회피형 – 말할 수 있어도 안 하는 사람

1) 회의에서 내 의견보다 분위기를 먼저 고려한다.

2) 피드백할 말이 있어도 삼킨다.

3) 다들 동의하는 분위기면 일단 침묵한다.

4) 말을 꺼내면 괜히 복잡해진다고 느낀다.

4. 혼란형 – 말이 많지만 흐름이 없는 사람

1) 설명하다 보면, 듣는 사람이 멍해지는 걸 느낀다.

2) 이야기 중 핵심이 흐려진다는 말을 자주 듣는다.

3) 정리된 구조보다 떠오르는 대로 말하는 편이다.

4) 발표 후 "그래서 핵심이 뭐였지?"라는 반응을 자주 경험한다.

· 유형별 전략과 훈련법

— 유형마다 다른 커뮤니케이션 전략

1. 불안형

1) '잘 말해야지' 대신 '전달하면 충분하다' 프레이밍 연습

훈련법: 말하기 전, "나는 지금 전달만 하면 된다", "조금 엉성해도 괜찮다"는 문장을 반복하면서 되뇌입니다.

목적: 완벽주의적 긴장을 낮추고, 메시지 전달에만 집중하도록 하는 자기 암시 훈련입니다.

2) '말하기 전 3초 정적' 훈련

훈련법: 어떤 말을 하기 전에 3초 동안 '숨 고르기 → 핵심 떠올리기 → 첫 단어 입에 올리기' 순서로 연습합니다.

목적: 무조건 빨리 대답해야 한다는 압박감을 해소하고, 흐름을 자신이 컨트롤하는 감각을 회복합니다.

3) '나를 지지하는 목소리' 훈련

훈련법: 말실수했을 때 "역시 또 틀렸어…"가 아니라 "그래도 시도했다", "조금씩 나아지고 있어"와 같은 문장을 의도적으로 떠올려 봅니다. 그리고 말하기를 한 후 반드시 잘한 점과 다음에 개선할 점을 한 줄씩 기록합니다.

목적: 실수도 발전의 과정이라고 의식적으로 생각하는 것이 중요합니다.

1) '입보다 숨이 먼저' 훈련

훈련법: 감정이 올라올 때마다 말을 시작하기 전에 코로 천천히 숨을 들이마시는 습관을 만듭니다. 특히 '불쾌한 피드백', '무례한 질문'을 받았을 때 즉시 말하지 않고, 숨을 먼저 쉬어 봅니다. (예: 회의 중 반박하고 싶을 때, 먼저 숨을 들이마신 뒤 속으로 "한 문장만 말하자" 생각한 후 입을 엽니다.)

목적: 말의 속도보다 감정의 속도를 먼저 조절하여, 말실수나 감정 폭발을 줄이는 '속도 조율 근육'을 키우는 것이 목적입니다.

2) '내 말의 리플레이 버튼' 훈련

훈련법: 하루에 한 번, 내가 오늘 한 말 중에 즉흥적이거나 날카로웠던 문장을 떠올려 봅니다. 그 문장을 다시 말한다면 어떻게 바꿔 말할 수 있을지 생각하는 훈련을 해 봅니다. (예: "그건 아니잖아요!" → "조금 다른 의견이 있는데요, 말씀드려도 될까요?")

목적: 감정 표현이 곧 말이 되는 것을 방지하고, 감정을 지나치게 입히지 않은 말의 형태를 익히는 훈련입니다

3) '감정-메시지 분리 노트' 작성

훈련법: 언짢았던 대화나 갈등이 있었던 상황에서, 그때 느낀 '감정'과 말하고 싶었던 '메시지'를 따로 쓰는 연습을 해 봅니다. (예: "짜증이 났다(감정) / 지금처럼 일정이 바뀌면 미리 알려 달라고 말하고 싶었다(메시지)")

목적: 말한 뒤 후회하는 상황을 줄이기 위해, 감정 표현과 메시지를 분리하는 연습입니다.

4) '문장 안에 경계 세우기' 훈련

훈련법: 말을 시작하기 전에 '몇 개의 문장으로만 말하겠다'는 내부 원칙을 세웁니다. 특히, 의견을 말하거나 반박할 때 '3문장 제한 말하기'를 연습하여 쏟아지는 말을 간결하게 정리해 봅니다. (예: "제 생각은 이렇습니다(1). 이유는 세 가지입니다(2). 그래서 저는 이 방식이 더 적절하다고 봅니다(3).")

목적: 감정이 고조될수록 길어지는 말, 반복되는 설명, 사족 같은 말을 줄이고 핵심 중심 말하기로 전환하기 위함입니다.

3. 회피형

1) '존재감 1줄' 루틴

훈련법: 회의나 브리핑에서 한마디도 하지 않는 회피형의 말문을

트이게 하기 위해서는 회의 때마다 최소 '한 문장'은 말하기로 스스로와 약속할 필요가 있습니다. 그 문장은 "저는 ○○라고 생각합니다" 혹은 "이번 안건에 대해선 △△에 동의합니다"처럼 짧고 단순하게 정해 둡니다.

목적: 자신이 주목받지 않더라도 '발언은 했다'는 경험을 통해 점진적으로 말에 대한 저항을 낮추는 자기 인식 루틴입니다.

2) '한 문장 사전 작성' 훈련

훈련법: 회의나 면접, 브리핑 전에 '내가 꼭 말하고 싶은 문장 하나'를 미리 적어 보고, 그것을 그대로 읽거나 암기해서 말하는 연습을 해 봅니다.

목적: 즉흥 발언에 대한 두려움을 줄이고, 최소 표현 단위를 확보함으로써 실전 상황에서 입을 열 수 있는 심리적 토대를 마련하기 위함입니다.

3) '리허설 말하기' 습관 만들기

훈련법: 중요한 회의나 발표 전에 반드시 혼자 리허설을 해 봅니다. 특히 내용 전체보다 "어떻게 말을 시작할 것인가"를 반복해서 말해 봅니다. (예: "제가 생각한 방향은 이렇습니다."/ "먼저 말씀 드릴 점은 이 부분입니다.")

목적: 회피형이 가장 막히는 지점은 '말의 시작'이기 때문에, 첫 문장을 익숙하게 만드는 것만으로도 말할 수 있는 확률이 크게 올라갑니다.

4) '말한 뒤 괜찮았던 순간' 저장 훈련

훈련법: 말한 뒤 "아무도 나를 이상하게 보지 않았다"라거나 "내가 말하고 나니까 그 의견이 채택되었다"는 경험을 매번 한 줄로 기록해 봅니다. (예: "오늘 회의에서 내 의견에 팀장이 동의를 했다." / "면접에서 내가 말한 문장에 면접관이 고개를 끄덕였다.")

목적: 무시당할까 봐, 어색할까 봐 피했던 말이 사실은 괜찮았다는 인식을 축적해, 회피형 내면에 '작은 성공 데이터'를 쌓는 과정입니다.

4. 혼란형

1) '결론→이유→예시' 3단 키워드 구조 훈련

훈련법: 말하기 전에 반드시 메모지에 핵심 결론, 그 이유, 구체적 예시 키워드를 각각 한 단어씩 적고, 그 순서대로 말하는 연습을 합니다.

목적: 내용은 많지만 구조가 없는 혼란형의 말에 뼈대를 세워 주

는 연습으로, 논리적인 말의 흐름을 체득하기 위해 필요한 훈련입
니다.

2) '3분 브리핑 시계' 훈련

훈련법: 발표 연습 시 타이머를 3분에 맞추고, "핵심 요약(1분) →
근거 설명(1분) → 마무리 정리(1분)"으로 시간을 쪼개서 말하는 연
습을 반복합니다.

목적: 두서 없이 길어지는 말을 '시간 속에 구조화'하는 연습으로,
혼란형에게 가장 효과적인 말의 기준선을 확립하기 위한 훈련입
니다.

3) '말한 뒤 3줄 정리' 루틴

훈련법: 어떤 말을 한 뒤에는 "지금 내가 한 말의 결론은 뭘까?",
"중심 단어는 뭐였지?", "상대가 기억할 한 줄은?"을 자문하며
3줄로 요약해 봅니다. (예: "결론: 일정 연기 필요 / 이유: 리소스 부족 /
한 줄 메시지: 연기는 필요하지만 빠른 재조정 필수")

목적: 말의 핵심이 흐려지는 혼란형의 습관을 점검하고, 핵심화
사고력을 강화하기 위함입니다.

4) '생각한 것의 50%만 말하기' 전략

훈련법: 말하기 전에 "지금 말하고 싶은 내용의 절반만 말하자"고 정하고 시작해 봅니다. 특히 설명이 길어질 것 같은 상황에서는 일부러 '줄여 말하기'를 훈련합니다.

목적: 복잡한 설명으로 빠지는 경향을 줄이고, 간결하고 중심 잡힌 말을 만드는 자기 제어 훈련을 하기 위함입니다.

말 습관은 고칠 수 있습니다. 다만, 그 뿌리가 어디에 있고, 어떤 패턴으로 굳어졌는지를 먼저 아는 것이 말 습관을 바꾸는 시작입니다. 내 말에서 부족했던 한 조각을 채워 넣는 훈련을 통해 상대방을 편안하게 해 주면서도 원하는 바를 이루는 안정형의 말하기를 체득해 봅시다.

완벽해야 한다는 강박에서 벗어나기

면접장에서 자기소개 순서가 돌아왔습니다. 몇 날 며칠을 준비했는데도 말문이 쉽게 트이지 않습니다. "이 문장은 더 매끄럽게 바꿨어야 했는데…", "발음이 어색하진 않을까?", "면접관이 이 대답을 지루해하진 않을까…" 입은 열리지 않고, 생각만 자꾸 복잡해집니다. 똑똑한 사람일수록, 잘하고 싶을수록 압박은 더 크게 느껴집니다. 아이러니하게도, '완벽하려는 마음'이 오히려 가장 큰 방해가 되는 것입니다.

이런 압박감은 왜 생길까요? 먼저, 스스로에 대한 기대가 크기 때문일 수 있습니다. 말을 잘하고 싶은 사람일수록 자기검열이 심합니다. "논리적이어야 해", "실수하면 안 돼" 같은 생각은 말을 지나치게 조심스럽게 만듭니다. 자기검열을 많이 할수록 말은 자연스러운 흐름을 잃게 됩니다. 평가를 의식하다 보니, 자꾸 말의 자연스러움이 사라지는 것입니다.

또한, 타인의 시선에 과하게 집중하고 있지는 않은지 생각해 볼 필요가 있습니다. '어떻게 들릴까'에 집중하면 '내가 하고 싶은 말'보다 '상대가 듣고 싶어 하는 말'을 하게 됩니다. 말의 주도권을 상대에게 넘기는 순간, 머릿속은 복잡해지고 말은 점점 조심스러워집니다. 결국 '무난한 말'만 반복하게 되는 결과가 나타납니다.

마지막으로, 지난 실수가 트라우마처럼 남은 경우일 수 있습니다. 말실수, 부정적인 피드백, 차가운 반응과 같은 경험이 뇌리에 각인되면, 이후 비슷한 상황에서 쉽게 입을 열기가 어려워집니다. 특히 커리어 초반일수록 말실수에 대한 두려움이 크기 때문에 사람들 앞에서 말하는 것 자체가 부담스러워지기도 합니다.

그렇다면 이런 압박에서 어떻게 벗어나면 좋을지 심리적 측면과 기술적 측면이라는 두 가지 방향에서 살펴보겠습니다. 우선 심리적 해결 전략의 핵심은 말의 감정적 무게를 덜어내는 것입니다.

먼저, 말은 '소통'임을 기억하기 바랍니다. 우리는 종종 발표나 보고를 '시험'처럼 느낍니다. 하지만 대체로 말을 하는 상황에서 중요한 것은 평가보다는 소통입니다. 생각을 명확히 전달하고, 반응을 주고받으며, 서로의 방향을 조율하는 과정이 원활해야 함께 일하는 사람에게 혼란을 주지 않습니다. 완벽한 논리보다 중요한 것은, 그 말이 제대로 통하느냐입니다.

또, 자기 자신에게 '미완성 말하기'를 허용할 필요가 있습니다. 말은 머릿속에서 다 정리된 후에 꺼내는 게 아닙니다. 완성되지 않은 말이라도 충분히 생각을 잘 전달할 수 있습니다. "정리하자면…", "제가 본 바로는요…", "이건 제 생각인데…"처럼 말하면서 생각을 다듬는 표현들을 익혀 봅시다. 이런 말버릇은 말실수에 대한 두려움을 줄여 주고, 완벽하지 않아도 말할 수 있다는 자신감을 키워 줍니다. 무엇보다, 생각의 초안을 말로 꺼낼 수 있는 '심리적 안전지대'를 만들어 줍니다.

조금 서툴러도 진심이 느껴지는 말은 오래 남습니다. 마틴 루터 킹의 "I have a dream"은 원고에는 없던 말이었지만, 세상을 움직였습니다. 그의 말 속에 자기 신뢰가 묻어났기 때문입니다. 자기 말을 믿는 사람만이, 결국 남의 마음도 움직일 수 있습니다.

다음은 기술적 해결 전략입니다.

   2장 말 앞에서 작아지는 사람들

① 1분 미완성 말하기

주제를 하나 정합니다. 예를 들어 '요즘 일에 대한 만족도'나 '내가 힘들었던 순간' 같은 가볍고 진솔한 주제가 좋습니다. 주제를 정했다면 딱 10초 동안만 생각하고, 일단 말을 꺼내 봅니다. 문장이 완성되지 않아도 괜찮습니다. "제 생각은요…" 라고 자연스럽게 이어 가 보는 연습을 합니다. 말이 막히는 순간이 생기면 "정리하자면…", "잠시만요…" 같은 연결어를 쓰며 이어 갑니다. 중요한 건 멈추지 않고 말하는 연습입니다. 이 훈련을 통해 말을 용기 있게 시작하는 방법을 익힐 수 있습니다.

② 빈칸 대본 만들기

하고 싶은 말을 통째로 외우지 말고 빈칸만 채우는 틀을 만듭니다. 발표나 보고 전에도 효과적인 방식입니다.

(1) "오늘 말씀드릴 내용은 ( )입니다."
(2) "핵심은 세 가지입니다. 첫째는 ( ), 둘째는 ( ), 셋째는 ( )."
(3) "그래서 저는 ( )가 중요하다고 생각합니다."

이렇게 말의 뼈대를 정해 두면, 긴장감도 줄고 자연스러움도 살릴 수 있습니다.

③ 실수 넘기기 문장 연습

말이 꼬이거나 실수했을 때를 대비한 '회복 문장'을 연습해 둡시다. "말이 조금 꼬였네요. 다시 말씀드릴게요." 또는 "이 부분은 제가 착각한 것 같아요. 정확히는…" 같은 표현들만 입에 익혀 두어도 실수가 두렵지 않게 됩니다.

④ 압박 상황 시뮬레이션

혼자서, 혹은 도움을 줄 수 있는 사람과 함께 가짜 발표 상황을 만들어 봅니다. 이때 도와주는 상대방이 있다면 일부러 무표정하게 있거나 날카로운 질문을 합니다. 발표자는 말을 끊지 않고, 구조에 집중해 이어 가는 연습을 합니다. 실전과 비슷한 환경을 설정해서 연습하면 긴장에 익숙해지고, 실제 상황에서도 중심을 잡는 데 도움이 됩니다.

완벽하게 말하고 싶은 마음은 아주 자연스럽습니다. 하지만 그 마음이 내 말을 막고 있다면, '조금 덜 완벽해도 괜찮다'라는 사실을 기억할 때입니다. 저 역시 수없이 많은 실수를 해 왔습니다. 하지만 돌아보면 그 실수들이 결국 저의 말을 점점 더 단단하게 만들어 주었습니다.

말 앞에서 망설이는 당신은 누구보다 삶에 진심인 사람입니다.

     2장 말 앞에서 작아지는 사람들

그러니 지금 완벽하지 않아도 괜찮습니다. 문장이 엉키고 생각이

멈추는 그 순간에도 당신의 말하기 실력은 성장하고 있습니다.

계속해서 다듬어 나가다 보면, 어느 순간 당신의 말에도 단단한

힘이 깃들게 될 것입니다.

3장

말 한마디가
인생의 다음 장을 결정할 때

면접에서 합격을 부르는 말하기

첫인상을 좌우하는 것

면접실에 들어서는 순간, 가장 먼저 전달되는 것은 표정과 자세, 그리고 첫마디입니다. 작고 떨리는 목소리, 시선을 피한 인사, 무표정한 얼굴은 '자신 없어 보이는 지원자'라는 인상을 남기기 쉽습니다. 이럴수록 첫마디는 의식적으로 준비해야 합니다. 이때 말의 내용보다는 말하는 태도가 첫인상을 결정하는 데 더 큰 영향을 줍니다. "안녕하세요, ○○직무에 지원한 ○○○입니다. 만나뵙게 되어 반갑습니다." 이 한 줄을 정확한 발음과 또렷한 시선으로 말하는 것만으로도 분위기는 달라집니다.

첫마디는 말의 '시동'입니다. 차가 잘 출발하려면 시동이 안정적으로 걸려야 하듯, 비즈니스 커뮤니케이션 상황에도 원활한 소통의 흐름을 위해 첫 시동을 잘 걸어야 합니다. 한 커뮤니케이션 연구에 따르면, 첫인상은 처음 7초 이내에 형성되며, 이후의 정보는 이 초기 인상을 강화하는 방향으로 해석되는 경향이 있다고 합니다(Willis & Todorov, 2006). 즉, 처음 7초 동안 상대방에게 어떤 인상을 주었는지에 따라 상대방이 앞으로 당신을 좋게 생각할지, 나쁘게 생각할지가 정해진다는 것입니다. 특히 면접과 같이 평가받는 상황에서는 '프레이밍 효과'가 강하게 작용합니다. 첫인사가 단정하고 또렷하게 전달되면, 면접관은 이후에 당신이 하는 말에 대해서도 신뢰감을 갖고 듣게 될 것입니다. 비단 면접뿐만이 아니라, 비즈니스 미팅에서도 마찬가지입니다.

그렇다면 어떻게 좋은 첫인상을 남길 수 있을까요? 좋은 첫인상을 위해 반드시 기억해야 할 것은 다음 세 가지입니다. 이 세 가지만 의식해도 첫인상이 훨씬 단단해집니다.

① 시선은 정면을 향하게

고개를 들고 상대방을 바라보는 시선 처리만으로도 자신감 있는 인상을 줄 수 있습니다. 정확히 눈을 마주치지 않아도 괜찮습

  3장 말 한마디가 인생의 다음 장을 결정할 때

니다. 고개를 숙이거나 시선을 피하면 위축되어 보이기 쉽습니다. 살짝 미소를 머금으며 당당하게 상대방을 바라봅시다.

② 목소리는 또렷하고 느리게

작거나 떨리는 목소리는 긴장보다 자신감 부족으로 해석됩니다. 입을 평소보다 더 크게 벌리고, 말을 한 박자 천천히 꺼내면 단정하고 안정감 있는 인상을 줄 수 있습니다.

③ 한 줄 인사 루틴을 만들어 연습하기

"안녕하세요, ○○직무에 지원한 ○○○입니다. 만나 뵙게 되어 반갑습니다." 이 한 줄을 내 말투에 맞게 정리해 두고, 실제 면접처럼 서서 여러 번 말해 봅시다. 반복된 루틴은 말의 떨림을 잡고, 긴장을 완화시키는 효과가 있습니다.

자신을 각인시키는 말의 구조

"성격의 장점이 무엇인가요?"라는 질문에 "성실하고 책임감 있습니다"라고 대답하는 순간, 면접관은 그 말을 '암기된 문장'으로 인식하고 흘려듣습니다. 면접관이 진짜 알고 싶은 건 '그 성격이 실제로 어떤 상황에서 어떻게 작동했는가'입니다. 따라서 막연하게 "성실합니다"가 아니라 "○○한 상황에서 ○○처럼 성실하게 행동했던 경험이 있습니다"로 바꿔 말해야 합니다.

이럴 때 유용하게 사용할 수 있는 구조가 바로 '경험 → 영향 → 전망'입니다. 이 구조는 뻔한 대답을 구체적인 역량으로 전환해 줍니다. 다음 순서대로 따라 해 봅시다.

① 경험: 그 성격이 드러난 구체적인 상황을 말합니다.

"학부 시절 외국인 유학생 도우미 활동을 하며, 언어 장벽이 있는 상황에서 소통을 돕는 일을 맡았습니다."

② 영향: 그 상황에서 내가 어떤 행동을 했고, 어떤 태도를 보였는지 설명합니다.

"의사소통이 원활하지 않아 실수가 반복되자, 저는 매일 체크리스트를 만들어 필요한 물품과 요청 사항을 기록하고 공유했습니다. 그 과정을 통해 서로에 대한 이해와 신뢰가 쌓였습니다."

③ 전망: 그 경험이 나에게 어떤 강점으로 남았는지 말합니다.

"이 경험 덕분에 낯선 환경에서도 실무적으로 협업할 수 있는 역량이 생겼고, 다양한 배경을 가진 사람들과의 조율 능력에 자신감이 생겼습니다."

　핵심은 세 줄의 문장으로 나의 역량을 보여 주는 것입니다. 뻔한 내용이라도, 그 안에서 내가 어떤 기준으로 판단했고 어떻게 행동했는지를 풀어내면, 충분히 면접관의 기억에 남도록 역량을 잘 전달할 수 있습니다.

질문의 의도를 꿰뚫는 '맥 짚기' 전략

면접 질문은 대부분 겉과 속이 다릅니다. 표면적으로는 단순한 경험을 묻는 것처럼 보이지만, 사실은 지원자가 어떤 기준으로 행동하고, 어떻게 문제를 풀며, 어떤 태도를 지니고 있는지를 확인하기 위해 던지는 질문입니다.

　예를 들어 "힘들었던 경험이 있나요?"는 단순히 에피소드를 듣고 싶은 게 아닙니다. 그 상황에서 무엇을 기준으로 판단했고, 어떻게 대응했으며, 이후 어떤 태도를 보였는지를 알고 싶어서 하는 질문입니다.

　따라서 "○○한 일이 힘들었습니다"라고만 말하면 맥이 빠집니다. 중요한 건, '그 일에서 내가 어떤 선택을 했는가'입니다. 질문은 평가의 덫이 아니라, 자신의 판단과 행동을 말로 정리해 보여 줄 수 있는 기회입니다. 핵심은 감정만을 묘사하는 것이 아니라 내가 선택한 행동의 기준과 태도를 설명하는 것입니다.

다음은 면접 질문 속에 숨어 있는 핵심 역량 10가지와 그에 해당하는 예시 질문, 그리고 답변 구조입니다. 실전 면접에서 바로 적용할 수 있습니다.

① 책임감

질문 예시: "지금까지 가장 힘들었던 경험은 무엇인가요?"

답변 예시:

"○○ 상황에서 실수가 발생했지만, 저는 숨기지 않고 바로 보고한 뒤 책임지고 조치에 나섰습니다. 덕분에 문제를 빠르게 해결했고, 오히려 신뢰를 얻을 수 있었습니다."

답변 구조:

"(문제 상황)이 있었지만, 저는 (책임지는 행동)을 선택했습니다. 그 결과 (얻은 결과 또는 변화)가 있었습니다."

② 갈등 조율 능력

질문 예시: "팀 내에서 갈등을 겪은 적이 있나요?"

답변 예시:

"프로젝트 중 역할 분담을 두고 갈등이 있었습니다. 저는 각자의 입장을 조율하며 일정과 업무를 재배분했고, 갈등을 해소하며 프로젝트를 무사히 마무리했습니다."

답변 구조:

"(갈등 상황)에서 저는 (상대방 입장 청취 / 조율 방법)을 통해 (해결한 방식)으로 정리했고, 결과적으로 (성과 또는 변화)가 있었습니다."

③ 협업 능력

질문 예시: "팀으로 일한 경험이 있나요?"

답변 예시:

"○○ 프로젝트에서 실행 담당을 맡았고, 기획자와 소통하며 일정 관리를 책임졌습니다. 그 경험을 통해 협업의 중요성과 리듬을 체득했습니다."

답변 구조:

"(협업 상황)에서 저는 (맡은 역할)을 수행했고, (타인과의 협업 방식)을 통해 (성과 혹은 배운 점)을 얻었습니다."

④ 문제 해결력

질문 예시: "예상치 못한 문제가 생긴 적이 있나요?"

답변 예시:

"현장 운영 도중 인쇄물이 누락되는 문제가 생겼습니다. 우선 대체 수단을 마련한 뒤 원인을 파악하고, 이후 재발 방지를 위한 절차를 정리했습니다."

답변 구조:

"(문제 발생 상황)에서 저는 (우선 조치 / 판단 기준)을 통해 문제를 해결했고, 이후에는 (보완 방법 또는 교훈)을 마련했습니다."

⑤ 자기 주도성

질문 예시: "스스로 해 본 일이 있나요?"

답변 예시:

"정식 과제가 주어지지 않은 시기였지만, 팀을 돕기 위해 고객 인터뷰를 자발적으로 진행했고, 그 피드백이 이후 서비스 개선에 반영됐습니다."

답변 구조:

"(주도적으로 시작한 행동)을 제가 먼저 제안했고, 이를 통해 (팀 성과 / 고객 측면의 결과)가 있었습니다."

⑥ 정직성과 투명성

질문 예시: "실수한 적이 있나요?"

"서류를 잘못 발송한 적이 있었는데, 즉시 보고하고 정정 프로세스를 안내했습니다. 이 일을 계기로 공유 시스템을 제안했고, 이후 실수가 줄었습니다."

"(실수 상황)에서 저는 (은폐가 아닌 정직한 대응)을 택했고, 이후에는 (조치 / 개선방안)을 마련했습니다."

⑦ 회복탄력성(Resilience)

 "실패 경험이 있나요?"

"지원한 공모전에서 탈락했지만, 피드백을 분석한 후 그 경험을 바탕으로 다음 프로젝트에서 우수상을 수상했습니다."

"(실패 경험) 이후 저는 (피드백 / 복기 방법)을 통해 (배운 점 / 다음 성공 경험)으로 전환시켰습니다."

⑧ 의사소통 능력

 "오해를 풀었던 경험이 있나요?"

"기획 의도를 잘못 전달해 디자이너와 충돌이 있었지만, 대면 미팅을 통해 맥락을 공유했고, 결과적으로 더 나은 안으로 수정할 수 있었습니다."

"(오해 / 의사소통 충돌 상황)에서 저는 (대화 / 공유 방식)을 통해 (신뢰 회복 / 공동 개선 결과)를 이끌어 냈습니다."

⑨ 분석력과 판단력

 "급하게 결정을 내려야 했던 상황이 있나요?"

"행사 당일 예고 없던 변수로 동선 변경이 필요했는데, 데이터를 토대로 즉시 흐름을 재설계했고, 참가자 불편 없이 운영을 마칠 수 있었습니다."

"(급박한 상황)에서 저는 (분석 / 우선순위 기준)을 근거로 (판단과 실행)을 했고, 결과는 (성과 / 안정적 수습)이었습니다."

⑩ 성장 가능성

 "최근에 스스로 변화한 부분이 있나요?"

"회의 때 지적받았던 발표 방식 문제를 개선하기 위해 영상 녹화를 활용해 연습했고, 이후 더 간결하고 설득력 있게 말할 수 있게 됐습니다."

답변 구조:

"(부족했던 점 / 피드백)을 인식한 뒤, 저는 (개선 시도 / 훈련 방법)을 통해 (구체적 변화 / 성과)를 만들었습니다."

이처럼 면접 답변 속에는 자신의 판단 기준과 행동의 맥락이 담겨 있어야 합니다. 모호한 형용사보다는 구체적인 언어로 역량을 드러낸다면, 더 많은 기회를 잡을 수 있게 될 것입니다.

인성, 역량, 태도를 한 번에 보여 주는 답변 구조

면접관은 이력서에 적힌 경력이나 자격증보다 실제 업무 상황에서 어떻게 판단하고 행동하는 사람인지를 알고 싶어 합니다. 판단의 기준은 '인성', '역량', '태도'라는 세 가지 요소입니다. 이 세 가지를 한 번에 보여 주기 위해서는 하나의 경험을 단순한 일화로 끝내지 않고, '상황 → 행동 → 성찰'의 구조로 말해야 합니다. 이 구조는 '어떤 사람인지'(인성), '무엇을 할 수 있는지'(역량), '어떤 자세로 일하는지'(태도)를 모두 담을 수 있습니다.

예: "졸업 전 마지막 팀 프로젝트에서 팀원 간 의견 충돌이 심해졌습니다. 기획 방향이 맞지 않아 과제가 멈춰 있었는데, 저는 팀 리더로서 각자의 의견을 개별적으로 듣고, 중복된 요구사항을 추려 재합의안을 만들었습니다. 이후 전체 회의를 열어 조율안을 제시했고, 팀원 모두 동의한 방향으로 프로젝트를 진행할 수 있었습니다. 그 결과 학과 발표에서 우수 프로젝트로 선정되었고, 교수님께 '실행력과 조율력이 돋보였다'는 피드백을 받았습니다. 당시 저는 단순한 과제 수행을 넘어, 협업에서의 조율 능력과 책임감이 저의 강점이라는 것을 스스로 확인할 수 있었습니다."

이처럼 하나의 사례에 '문제 해결력', '관계 조율', '자기 성찰'이 녹아 있다면, 별도의 설명 없이도 세 가지 역량이 자연스럽게 드러납니다. 정돈된 구조 속에 진실함을 녹여내는 것이야말로 좋은 답변입니다.

"그게 당신만의 강점인가요?", "그건 누구나 할 수 있는 이야기 아닌가요?"와 같은 질문은 정답을 듣기 위한 게 아닙니다. 애초에 정답이 없습니다. 이런 질문 앞에서 얼마나 자신의 중심을 잃지 않고 말할 수 있는가를 보기 위한 장치일 뿐입니다. 중요한 건 변명이나 과잉 방어가 아니라, 한 걸음 더 들어가 내 말의 근거를 보여 주는 것입니다.

예: "그럴 수 있습니다. 하지만 제 성실함은 말로만이 아니라, 반복되는 행동을 통해 꾸준히 증명되어 왔다고 생각합니다. 대학 생활 동안 총 세 번의 팀 프로젝트에서 저는 항상 일정 정리와 역할 분배를 맡았습니다. 특히 한 프로젝트에서는 예상치 못한 일정 변경에도 제가 만든 체크리스트와 회의록 덕분에 팀원들이 혼란 없이 대응할 수 있었고, 그때 처음으로 '내 방식이 팀을 안정시킬 수 있구나'라는 자신감을 얻었습니다."

이처럼 구체적인 근거와 반복된 맥락을 말하면, 면접관도 '누구나 말할 수 있는 이야기'라는 생각을 거두게 됩니다. 꼬리 질문은 위협이 아니라 나를 입체적으로 설명할 수 있는 기회입니다.

면접에서 단골로 등장하는 질문에는 공식처럼 말할 수 있는 구조가 필요합니다. 지원 동기, 갈등 상황, 마지막 한 마디는 그 사람의 가치관과 태도를 종합적으로 판단하는 질문이기에 더더욱 그렇습니다.

① 지원 동기 예시

"○○기업이 최근 2년간 추진해 온 고객 중심 디지털 전환 정책을 보고 관심을 갖게 되었습니다. 저는 스타트업 인턴 당시, 사용자 피드백을 수집해 기존 앱의 UI를 개편했던 경험이 있습니다. 고객 인터뷰부터 프로토타입 개선까지 전 과정을 맡으며, 데이터를 기반으로 고객 니즈를 해석하고 적용하는 과정에서 큰 보람을 느꼈습니다. 이 경험이 귀사의 업무 방식과 맞닿아 있다고 느껴 지원하게 되었습니다."

→ 핵심: '기업이 추구하는 방향'과 '내가 경험한 실제 행동'이 연결되어야 합니다.

② 갈등 상황 예시

"인턴 시절, 팀 내 보고서 마감 기한을 두고 디자이너와 일정이 엇갈렸던 일이 있었습니다. 각자의 기한 인식이 달라 업무가 지연됐고, 처음에는 감정적인 언쟁으로 번질 뻔했습니다. 저는 갈등을 길게 끌지 않기 위해 상대와 따로 대화를 요청했고, 그 자리에서 서로의 착오를 확인했습니다. 이후 일정 공유 캘린더를 만들어 전체 팀원과 공유했고, 그 뒤로는 마감 충돌이 없었습니다. 이 경험을 통해 갈등은 피하는 것이 아니라, 조기에 풀어야 관계도 성과도 지킬 수 있다는 걸 배웠습니다."

→ **핵심:** 갈등에서 누가 잘못했는지가 아니라, 내가 어떻게 대응했는지를 중심으로 말해야 합니다.

③ 마지막 한 마디 예시

"면접을 준비하며, 회사와 직무에 대해 더 많이 이해하게 되었습니다. 특히 현장에서 사람을 상대하고, 디테일을 조율하는 이 업무가 저와 잘 맞는다는 확신이 들었습니다. 일할 기회가 주어진다면, 지금까지의 경험을 토대로 빠르게 적응하고, 꾸준히 성장하는 사람이 되겠습니다."

→ 핵심: 형식적인 '감사합니다'가 아니라, '확신'과 '앞으로의 태도'를 담은 결말이어야 합니다. 신뢰감 있는 태도와 앞으로의 의지를 담은 단단한 마무리는 지원자의 방향성을 또렷하게 각인시킵니다. 면접은 '같이 일하고 싶은 사람을 뽑는 자리'인 만큼, 끝까지 협업하고 싶은 사람이 바로 나라는 인상을 남기는 것이 좋습니다.

프레젠테이션에서 신뢰를 끌어내는 말하기

발표의 설계도, OBC 구조화 전략

좋은 발표를 위해서는 설계도를 잘 그려야 합니다. 청중은 발표자만큼 내용을 자세히 알지 못하기 때문에 청중이 이해하기 쉽도록 잘 정리된 구조를 따라 말할 수 있는 능력이 중요합니다.

실제 발표에서 가장 간결하고 설득력 있게 작동하는 구조는 OBC(Opening-Body-Closing) 구조입니다. 오프닝에서는 핵심을 요약하고, 근거를 중심으로 본론을 전개하며, 정리와 제안으로 마무리하는 형식입니다. OBC 구조는 발표자도 말하기 편하고, 듣는 사람도 흐름을 따라가기 좋습니다.

Opening(시작): 결론부터 한 문장으로 말하기

예: "오늘 발표의 핵심은, 기존 고객 응대를 챗봇으로 자동화하자는 제안입니다."

Body(전개): 세 가지로 근거를 구조화하기

예: "이 제안의 이유는 세 가지입니다.

첫째, 응대 시간이 평균 23분으로 비효율적이고,

둘째, 야간 문의가 누락되고 있으며,

셋째, 문의 유형의 78%가 반복 질문이기 때문입니다."

Closing(마무리): 요약과 함께 실행안 또는 요청 제시

예: "이 안이 실행되면, 응대 시간은 절반 이하로 줄어들 것입니다. 시범 운영팀을 지정해 다음 분기부터 적용해 보는 것을 제안드립니다."

긴장해도 흔들리지 않는 서두 공식

프레젠테이션에서 가장 떨리는 때는 처음 말을 하기 시작할 때입니다. 여기에서 흔들리면 전체 흐름도 불안해집니다. 그래서

 3장 말 한마디가 인생의 다음 장을 결정할 때

서두는 언제든 바로 말할 수 있을 정도로 입에 익혀 두는 것이 좋습니다. 다음 순서는 어디서든 무난하게 사용할 수 있는 말하기 공식입니다.

① 인사 → ② 소속 및 이름 → ③ 주제 소개

예: "안녕하세요. ○○팀의 ○○○입니다. 오늘은 상반기 콘텐츠 운영 성과를 중심으로 말씀드리고자 합니다."

이 문장을 입에 붙도록 연습하면, 긴장한 순간에도 첫 마디가 무너지지 않습니다. 첫 문장을 자신 있게 이야기하고 나면, 그다음 문장부터는 물 흐르듯 자연스럽게 흘러가게 됩니다.

청중을 내 편으로 만드는 전개 방식

발표는 말하는 사람만의 무대가 아닙니다. 듣는 사람과의 소통이 중요합니다. 김창옥 강사, 김미경 강사의 강의를 들어보면 유독 '질문'을 자주 합니다. 청중이 발표에 몰입하게 만들기 위해 그들이 궁금해할 것을 예측해 먼저 질문해 주는 것입니다.

"도대체 왜 이 캠페인을 진행하게 되었는지 궁금하시죠?", "과연 무엇을 얻을 수 있을까요?"와 같이 예상 질문을 반영한 멘트는 마치 청중과 발표자가 계속 대화를 하는 것 같은 느낌을 주기 때문에 청중들의 몰입도가 높아질 수밖에 없습니다. 궁금증이 떠오를 만한 순간, 그 문제를 바로 해결해 속 시원한 느낌을 주는 것입니다.

또한, "이 지점에서 막연함이 느껴지실 수도 있습니다", "혹시 여전히 의문이 남는다면…" 같은 말을 사용하는 것도 청중과의 심리적 거리를 좁혀 주는 좋은 방법입니다.

메시지를 강조하는 말투와 멈춤의 기술

어떤 발표자는 말을 많이 하는데도 신뢰를 얻지 못하고, 어떤 발표자는 몇 마디만 해도 무게가 느껴집니다. 차이는 리듬과 멈춤입니다. 중요한 부분은 낮게, 천천히 말하는 것이 좋습니다. 그리고 강조하고 싶은 문장 직전에는 잠깐의 쉼을 주면 다음 문장이 자연스럽게 강조되는 효과가 있습니다.

예:

"이 프로젝트가 성공한 이유는, 단 하나입니다. 실행력."

"결론부터 말씀드리면 수치가 예상보다, 1.5배 높았습니다."

또한, 문장의 끝 음을 올리지 않고 내리는 것, 말끝을 흐림 없이 마무리하는 것 또한 발표를 안정감 있게 만들어 줍니다.

질문 세례에 당황하지 않는 브리핑 방식

실무 프레젠테이션에서는 질문을 피할 수 없습니다. 따라서 좋은 발표자는 질문을 발표 내용에 미리 포함시킵니다. 예상되는 질문을 먼저 꺼내거나, 질의응답을 안내하며 흐름을 통제하는 말이 필요합니다.

예:

"여기까지가 주요 제안 내용입니다. 이후에 질문 주시면 발표 후 바로 답변드리겠습니다."

"많이 받는 질문이 '예산 대비 수익이 어느 정도인지'인데요. 이 부분을 다음 슬라이드에서 설명드리겠습니다."

"그 점은 저희도 발표 준비 과정에서 가장 많이 고민했던 포인트입니다."

질문을 피하고 싶겠지만, 반대로 자신 있게 발표 흐름 안으로 끌어들여 돌발 상황을 미리 예방하는 전략을 사용하는 것이 현명한 대응입니다.

실전 발표 예시: 제안 발표, 성과 보고, 프로젝트 브리핑

① 제안 발표 예시 - 신규 서비스 아이디어 제안

O (Opening)

"안녕하세요. 서비스 전략팀 박수연입니다. 오늘은 Z세대를 타 깃으로 한 신규 콘텐츠 기획안을 제안드리겠습니다. 핵심은 '참여 중심의 콘텐츠'를 전략적으로 도입하자는 것입니다."

B (Body)

"이 전략이 필요한 이유는 세 가지입니다.

첫째, 사용자 트렌드가 빠르게 변하고 있습니다. 기존 소비형 콘텐츠보다 참여형 콘텐츠의 선호도가 높아졌습니다.

둘째, 내부 분석 결과 기존 콘텐츠에 대한 피로감이 증가하였다는 피드백이 반복되고 있습니다.

셋째, 알고리즘 측면에서 댓글·공유 기반의 콘텐츠가 도달률과

   3장 말 한마디가 인생의 다음 장을 결정할 때

전환율 모두에서 우위를 보이고 있습니다."

C (Closing)

"이 제안은 단기 트래픽 확대보다 장기적인 전환율 상승을 목표로 한 전략입니다. 다음 단계로는 시범 콘텐츠를 기획하고, 주요 KPI를 설정해 유의미한 지표 확보 후 전체 콘텐츠 전략으로 확장할 것을 제안드립니다."

② 성과 보고 예시 - 상반기 마케팅 캠페인 성과

O (Opening)

"안녕하세요. 마케팅팀 박수연입니다. 상반기 마케팅 캠페인의 주요 성과를 보고드리겠습니다. 핵심 성과는 SNS 유입률이 전년 대비 150% 증가한 점입니다."

B (Body)

"성과를 만들어 낸 요인은 두 가지입니다.

하나는 사용자 피드백을 반영한 콘텐츠 설계 전략입니다. 댓글 분석을 통해 제작 방향을 조정했고, 결과적으로 콘텐츠 소비 시간이 늘었습니다.

다른 하나는 A/B 테스트를 통한 반복 실험입니다. 실험을 통해 가장 반응률이 높은 포맷을 도출해 집중 운영했습니다."

C (Closing)

"이 두 가지 전략은 상반기 성과의 핵심 기반이었습니다. 하반기에는 이 전략을 유지하면서, 리텐션(재방문율) 강화를 위한 신규 캠페인 방안을 기획하고자 합니다. 구체적 실행안은 다음 회의에서 공유드리겠습니다."

③ 프로젝트 브리핑 예시 – 브랜드 SNS 리뉴얼 프로젝트

O (Opening)

"안녕하세요. 콘텐츠팀 박수연입니다. 현재 진행 중인 브랜드 SNS 리뉴얼 프로젝트의 현황을 공유드리겠습니다. 핵심 공유 사항은 현재 전체 일정의 절반까지 진행되었다는 점입니다."

B (Body)

"기획과 시안 제작 단계까지 마쳤고, 다음 주부터 내부 테스트 콘텐츠 제작에 들어갈 예정입니다.

진행 중 한 가지 이슈가 있었는데요. 팀 간 콘텐츠 톤 조율에서 이견이 있었으나, 가이드라인 재정비와 팀별 워크숍을 통해 조율을 완료했습니다."

C (Closing)

"향후 일정은 다음 달 10일까지 시범 콘텐츠를 운영하고, 그 이후 피드백 리포트를 바탕으로 최종 콘텐츠 제작 및 정식 론칭을 준비할 예정입니다. 구체적인 일정은 별도 문서로 공유드리겠습니다."

기억에 남는 발표를 하고 싶다면, OBC 구조를 잊지 말고 활용해 보시길 바랍니다.

협상에서 승리를 이끌어 내는 말하기

협상에서는 말 한마디로 큰 손실과 이익이 왔다 갔다 합니다. 창과 방패만 없지, 각자의 이익을 지켜 내기 위한 전쟁터나 마찬가지입니다. 이렇게 첨예한 대립이 있을수록, 설득의 언어를 익힌 사람과 그러지 못한 사람 간의 차이는 더욱 극명하게 벌어지게 됩니다.

우리는 드라마나 영화에서 '끈질기고 절박하게 매달리다가 결국 협상을 이끌어 내는 캐릭터'를 자주 보게 됩니다. 하지만 현실에서 감정에만 호소하는 방식을 사용하다가는 원하는 결과를 이끌어 내기는커녕 찬밥 대우를 받기 딱 좋습니다. 상대방이 연민의 감정을 느낄 수는 있겠지만, '업무'라는 특성상 불쌍하다고 협상에서 손해를 볼 수는 없는 노릇입니다. 그렇다면 어떻게 협상을 이끌어 나가야 할까요?

　합리적인 설득으로 나아가기에 앞서서 가장 중요하게 기억해야 할 것은, 반드시 '상대방 위주'로 대화를 구성해야 한다는 것입니다. 상대방은 자신에게 이득이 되는 정보에만 관심을 가집니다. 그렇지 않은 정보에 대해서도 열심히 듣는 척은 하겠지만, 결국 본론에만 관심이 있다는 겁니다. '나와 관련된 정보인지', '나에게 얼마만큼의 이익이 돌아오는지', '믿을 만한지'가 주요 관심사라는 것을 잊어서는 안 됩니다.

　따라서 협상에서는 ① 상대방과 관련된 정보, ② 상대방에게 돌아가는 이익, ③ 믿음을 주는 근거 순서로 이야기를 하는 것이 좋습니다. 물품 공급업체와 장기계약을 체결하고 싶어 하는 유통사의 예시를 들어 보겠습니다.

　① 상대방에 관한 정보: "요즘 유통업체 선정을 고민 중이시라는 이야기를 들었습니다."

　② 상대방의 이익: "저희와 장기계약을 체결하시면 안정적인 물량 공급처를 확보하게 되고, 마케팅 비용을 줄이실 수 있습니다. 마케팅은 저희가 책임지고 비용 없이 해 드리겠습니다."

③ 신뢰할 수 있는 근거: "저희는 지난 5년간 마케팅 업계 1위였고, 유통 대금을 단 한 번도 지연시킨 적이 없습니다. 또한 유수 기업인 (이름 있는 몇 곳)와도 파트너십을 유지하고 있습니다."

어떤가요? 단순히 "저희 회사랑 유통계약 체결하시죠"라고 불쑥 들어오는 것보다 훨씬 설득력이 있지 않겠습니까?

이처럼 협상을 할 때는 말을 주고받는 과정에서 누가 질문을 주도하는가, 어떤 논리로 전개하는가에 따라 조건이 명확히 달라집니다. 업무에서 직접 사용할 수 있도록, 협상에서 설득력을 100% 향상시켜 주는 일의 언어들을 자세히 알려 드리겠습니다.

유리한 흐름을 만드는 첫 질문

협상의 첫마디는 협상 전체의 분위기를 결정합니다. 단도직입적인 요구나 방어적인 설명보다는 상대의 입장을 묻는 질문으로 시작하면 주도권을 부드럽게 가져올 수 있습니다.

예를 들어, 연봉 협상의 자리에서 "이번 연봉 책정 기준은 어떻게 구성되었나요?"라고 먼저 묻는다면, 협상은 단순한 요구가 아니라 기준 조율의 문제로 전환됩니다. "연봉 좀 많이 주시면 안

될까요?”라고 냅다 던지는 것보다, 상대방의 감정적 저항이 덜한 방향으로 협상의 판을 짜기 시작하는 겁니다.

“이번 조건 산정의 기준은 어떻게 되나요?”
“그 결정에 가장 영향을 준 요소는 무엇이었나요?”

감정이 아닌 데이터로 말하는 습관

협상에서는 수치와 근거를 기반으로 한 설명이 반드시 필요합니다. “그렇게 적게 주시다니… 제 입장에서는 좀 억울합니다”보다는 “최근 3개월간 제가 담당한 프로젝트 5건 중 4건이 조기 마감되었고, 판매율은 전년 대비 140% 상승했습니다”가 훨씬 강력합니다.

데이터를 제시할 때는 단순히 나열하는 것이 아니라 스토리를 함께 전달해야 합니다. 역량을 나타내는 수치를 정확하게 전달하되, 설명을 덧붙여 합당한 대우를 받아야 하는 근거를 함께 제시하는 것이 좋습니다.

"A 수치를 보면 B라는 기여가 명확히 드러납니다. 따라서 C와 같은 보상이 적절하다고 판단합니다."

"현재 조건은 ○○ 기준에 비추어 다소 미흡하다고 생각합니다. 이유는 ○○이며, 제가 수행한 업무의 성과는 ○○를 기준으로 평가 가능합니다."

양보해도 손해 보지 않는 문장 구조

협상에서 모든 요구를 관철시키는 것이 목적은 아닙니다. 때로는 일부를 양보하면서도 핵심 조건을 지키는 전략이 필요합니다. 이때 중요한 것은 '양보의 프레임'을 설계하는 것입니다.

예를 들어, "해당 조건은 조정 가능합니다. 다만 그에 상응하는 자율성이 필요합니다"처럼 말하면, 하나를 내주되 다른 하나를 확보하는 구조가 됩니다. 상대방에게 필요하나 우리에게는 치명적이지 않은 서비스를 한 가지 끼워 주고, 정말 양보할 수 없는 입장은 고수하는 것입니다.

"일정 조정은 가능합니다. 대신 보고 방식에 대한 자율권은 주셨으면 합니다."

"단가는 일부 조정하겠습니다. 그 대신 단기 계약이 아닌 6개월 단위로 재협상하는 조건을 검토해 주시면 좋겠습니다."

거절할 땐 단호하되 관계는 지키는 말

협상에서 '아니오'를 말해야 할 순간은 반드시 옵니다. 그러나 말의 방식에 따라 거절은 충돌이 될 수도, 협상의 다음 기회가 될 수도 있습니다. 단답형으로 거절하기보다는, 거절의 이유와 함께 대안을 먼저 제시하는 것이 좋습니다. "이 정도 조건이면 받아들이겠다"라는 주장을 명확하게 하는 것입니다. 이때 대안으로 제시하는 조건도 적정선보다는 조금 높게 제시하는 것이 좋습니다. '거절 + 대안' 구조는 관계를 해치지 않으면서도 자기 입장을 확고히 전달하는 방식입니다.

"이 조건은 현실적으로 수용이 어렵습니다. 다만 귀사의 우선순위가 조정된다면, 대안적 방식은 제안드릴 수 있습니다.”

“그 제안은 현재 상황에서는 수용하기 어렵습니다. 그러나 다른 방향으로는 협력할 수 있는 가능성이 있습니다.”

“지금은 어렵지만, 추후 조건 변화 시 재논의할 여지는 열어 두겠습니다.”

유도 질문, 침묵의 타이밍 등 협상의 심리학

협상은 말하는 기술만큼 듣는 기술도 중요합니다. 상대가 말을 많이 하도록 유도하면, 진짜 속마음이 드러납니다. 이를 위해서는 ‘열린 질문’과 ‘적절한 침묵’을 활용해야 합니다. “그 점에 대해서는 어떻게 생각하시나요?”, “그렇게 판단하신 배경이 궁금합니다”와 같이 열린 질문을 한 뒤, 침묵하며 상대가 충분히 말하도록 시간을 주어야 합니다. 사람은 침묵을 채우기 위해 추가 설명을 하려는 경향이 있습니다. 그 안에 실마리가 있습니다.

예:

“가장 우려하시는 부분은 어떤 지점인가요?”
“그 결정이 나온 경위가 궁금합니다.”

"앞으로 어떤 결과를 기대하고 계신가요?"

실전 협상 예시: 연봉 협상, 업무 분배, 계약 조건

① 연봉 협상 예시

"작년 대비 130% 수준의 성과를 달성했고, 이직률이 높았던 팀의 안정화에 기여한 점에서 성과 기반 보상이 필요하다고 생각합니다.

현재 제시된 조건은 시장 평균 대비 15% 낮은 수준이며, 최소 5% 인상안에 대해 논의가 가능할지 여쭙고 싶습니다."

→ 성과 기반 데이터 + 시장 기준 + 조율 제안으로 구성

② 업무 분배 협상 예시

"신규 프로젝트는 팀 내 리소스 조율이 필요한 사안으로 보입니다. 현재 제 담당 영역 외에 추가로 해당 업무를 맡는다면, 보고 루틴의 조정이나 실무 보조 인력의 재배치가 필요합니다."

→ 협업 수용을 전제로 한 조건 제시 방식

③ 계약 조건 협상 예시

"제안 주신 계약안의 기본 구조에는 동의합니다. 다만 정산 주기를 1개월에서 2주 단위로 조정할 수 있다면, 운영상 자금 순환이 훨씬 원활해질 것입니다."

→ 수용 + 조건 수정 요청을 결합한 방식

협상이란 결국 서로가 납득할 수 있는 조건을 이끌어 내는 대화입니다. 현명하게 구조를 설계한 사람이, 결국 협상의 승기를 잡게 될 것입니다.

당신의 가치를 높이려면 고쳐야 할 말버릇

일을 잘하는데도 유독 저평가되는 사람이 있습니다. 아무리 능력이 있어도 설명이 길고 복잡하거나, 자신 없어 보이는 말버릇이 반복되면 평가 절하되기 쉽습니다. 커리어를 지키고 확장하려면, 실력만큼이나 말의 형식과 습관에 신경 써야 합니다.

말이 길수록 신뢰가 줄어드는 이유

기획팀 실무자 A씨는 항상 "아직 논의 중인데요…"라는 말로 보고를 말이 많다고 해서 신뢰가 생기지는 않습니다. 오히려 핵심 없이 길게 늘어지는 설명은 '판단이 느린 사람'이라는 인상을 줍니다. 예를 들어 회의에서 질문을 받았을 때 "어… 그 부분은 제가 아직 정확하게는 모르지만, 아마도 그렇지 않을까 싶은데요, 물론 제가 지금 확실히 장담할 수는 없고요…"라고 말하는 순간 당신의 신뢰도는 급격히 하락합니다.

그렇다면 어떻게 해야 할까요? 정확한 시일, 시간, 가격, 대안 등을 명확하게 정리한 다음 말을 시작해야 합니다. 정말 잘 모르겠다면, 차라리 "다시 한 번 확인해 보겠습니다"라고 답변을 유예하는 것이 낫습니다.

X	O
"일정은 아마 이번 주 안에는 어떻게든 될 것 같긴 한데요…"	"일정은 이번 주 금요일까지 마무리 됩니다. 다만 디자인 시안만 수요일까지 확정되면 가능합니다."

실력보다 낮게 평가받는 사람들의 말버릇

B씨는 회의 중 자주 "그냥 제가 한번 해 보긴 했는데요…"라는 말로 시작합니다. 그런데 실제로는 프로젝트의 80%를 혼자 진행해 온 상황이었습니다. 이런 말버릇 하나가 그 사람의 공을 축소시키고, 능력을 의심받게 만듭니다. 반면 "이번 시안은 제가 1차 기획부터 시각화까지 맡아 진행했습니다. 사용성 테스트만 남아 있는 상황입니다"라고 말하는 동료는 훨씬 분명한 인상을 남깁니다.

자신감 부족은 말 속에 드러납니다. 특히 의견이 아니라 사실을 물어보는 질문에도 "~인 것 같아요", "그냥…", "사실은…"처럼 의미 없는 말버릇은 신뢰를 갉아먹습니다. 본인의 실력에 확신이 없다면, 평가하는 쪽은 더 불안해지기 마련입니다. 특히 내가 잘

해낸 일에 관한 말이라면, 더욱 분명하고 정확하게 본인의 기여를 설명할 수 있어야 합니다.

또한, 책임을 피하는 말버릇도 치명적입니다. "그건 아마 A팀에서 할 일일 거예요"라고 말하는 순간, 책임감 없는 태도를 가진 사람으로 보입니다. A팀의 일이라면 명확히 A팀의 일이라고 말하고, 정말 잘 모르겠다면 "제가 판단할 사안이 아니어서, 상사와 논의 후에 알려 드리겠습니다"라고 상대방이 납득할 만한 이유를 제시해야 합니다.

X	O
"그건 제 생각에는 그렇지 않을까 싶어요."	"그 사안은 제가 확인한 바로는 이렇습니다. 다만 추가적으로 확인해 보고 다시 보고드리겠습니다."

말하기 전에 '맥락'을 읽는 사람들의 습관

똑같은 질문을 해도, 맥락을 읽고 대답하는 사람은 다릅니다. 단답형 정보가 아니라, 상황 전체에서 어떤 말이 필요한지를 파악합니다. 예를 들어 상사가 "이번에 고객 대응은 어땠어?"라고 물었을 때, 단순히 "네, 잘 처리했습니다"라고 말하는 건 맥락을 놓친 답입니다. 이럴 땐 상사의 질문 의도를 짚어야 합니다. 무엇이 궁금한 것인지, 어떤 정보가 도움이 될지를 생각한 뒤 말하는 습관이 필요합니다.

먼저, 질문의 '이유'를 짐작합니다(예: 이 업무가 전체 일정에 영향이 있는가?). 그다음 결론을 간략히 전달합니다(예: "빠르게 응대했고, 이슈 없이 마무리되었습니다."). 마지막으로 근거를 간단히 덧붙입니다(예: "2시간 이내 응대 기준을 유지했으며, 추가 요청은 없었습니다.").

X	O
"네, 별 문제 없었어요."	"네, 3시간 이내 응대를 목표로 했고 실제로 2시간 30분 안에 마무리되었습니다. 고객도 만족 반응을 보였고 추가 이슈는 없었습니다."

후자의 답변은 '문제 없음'을 넘어서, 구체적 기준과 행동, 결과까지 보여 주므로 맥락을 제대로 읽고 전달한 셈입니다.

> 회의 중 "지금 잘 되고 있습니다"라고 말한 C씨. 팀장은 '어느 정도가 잘 되고 있는 건지', '예상보다 빠른지 늦은지'를 알 수 없었습니다. 반면 D씨는 "5단계 중 3단계까지 완료했고, 원래 일정보다 하루 빠르게 진행되고 있습니다"라고 말해 팀장과 다른 팀원들의 신뢰를 얻었습니다.

> "좀 도와주실 수 있나요?"라고 묻는 대신, "지금 디자인 시안 관련해서 두 가지 안이 있는데, 선택만 도와주시면 바로 실행 가능할 것 같습니다"라고 말하면 일 잘하는 사람이라는 인상을 주게 됩니다.

실무에서 인정을 받는 사람들은 말의 순서, 구조, 표현 하나까지 세심하게 설계합니다. 말의 내용보다 '조직 내 언어'에 익숙한지가 더 중요할 때가 있습니다. 예를 들어 보고할 때 "잘 되고 있어요" 대신 "예정된 단계 중 2단계를 완료했고, 현재 3단계 중 절반까지 진행된 상태입니다"라고 말하면 훨씬 신뢰가 갑니다. 또한 말을 할 때는 '듣는 사람'의 위치에서 조율하는 디테일이 필요합니다. 팀장에게는 결과 중심, 동료에게는 과정 중심, 외부 파트너에게는 요약 중심으로 말하는 식입니다.

- 보고할 땐 수치 기반으로
- 공유할 땐 과정 기반으로
- 요청할 땐 상대방 입장에서
- 결정은 근거와 대안을 함께

말버릇을 바꾸는 체크리스트와 훈련법

말버릇은 무의식이 만든 결과이기에, 바꾸려면 의식적으로 점검해야 합니다. 단순히 '조심하자'는 마음만으로는 잘 고쳐지지 않습니다. 다음은 스스로를 점검해 볼 수 있는 체크리스트입니다.

☐ 자주 쓰는 불필요한 표현이 있다 → "그냥…", "어쨌든…", "제가 잘은 모르지만…"

☐ 책임을 피하는 말투를 쓴다 → "그건 제 일이 아닌 것 같아요", "A팀이 하기로 한 것 같던데요"

☐ 결론이 늦고 말이 장황하다 → "그래서… 음… 정리를 해 보자면…"

☐ 질문에 답할 때 상대의 궁금증보다 하고 싶은 말을 위주로 한다 → "제가 말씀드리고 싶은 건요…"

☐ 단정적으로 말하면 불안해져서 자꾸 완곡하게 말한다 → "~

일 수도 있고요… 아닐 수도 있고요…"

위 항목 중 2개 이상에 해당한다면 연습이 필요합니다.

· **실전 훈련법**

[훈련 1] 30초 보고 훈련

하루 1회, 진행 중인 업무를 30초 안에 말해 봅니다.

구조: 결론 → 근거 → 남은 과제

[훈련 2] 나쁜 말버릇 치환 연습

평소 자주 쓰는 표현을 의식적으로 다른 문장으로 바꿔 연습합니다.

예: "그냥요…" → "필요한 이유는 세 가지입니다."

예: "제 생각에는…" → "지금까지 확인한 바로는 이렇습니다."

[훈련 3] '상대 시점'으로 전환하여 말하기

같은 메시지를 세 가지 버전으로 말해 봅니다.

① 팀장에게 말하는 방식

② 동료에게 말하는 방식

   3장 말 한마디가 인생의 다음 장을 결정할 때

③ 외부 협력사에게 말하는 방식

말투와 정보량, 선택하는 어휘가 어떻게 달라지는지 체감할 수 있습니다.

[훈련 4] 회의 전 '한 줄 정리' 습관

회의 전에 오늘 말할 핵심 메시지를 '한 문장'으로 적어 두고 시작합니다.

예: "이번 기획은 A/B 테스트 기준으로 2안이 더 효과적이었다는 결과 보고입니다."

좋은 습관은 단번에 만들어지지 않습니다. 그러나 점검하고, 고치고, 반복하는 과정을 거치다 보면 말은 달라지고, 말이 달라지면 평가도 달라집니다. 지금 필요한 건, 그 한 마디를 더 세심하게 다듬기 위한 훈련입니다.

호감과 비호감을 결정짓는 말투

호감 가는 말투의 특징

사람은 말의 내용을 이해하기 전에 말투를 먼저 감지합니다. 심리학에서는 이를 '초두효과(Primacy Effect)'라고 부릅니다. 처음 받은 인상이 전체 평가에 과도한 영향을 미치는 현상을 말합니다. 특히 대화의 시작에서 말투, 억양, 속도, 시선 분배 같은 비언어적 요소는 상대방이 당신에 대해 어떤 평가를 내릴지에 큰 영향을 미치게 됩니다.

실제로 누군가와 처음 마주했을 때, 우리는 그 사람이 '어떻게 말하는가'에 민감하게 반응합니다. 소개팅을 하는 상황을 한번 떠올려 봅시다. 첫인사를 건네는 순간부터 다섯 문장이 채 끝나기도 전에, 우리는 이미 '이 사람이 괜찮은 사람인지 여부'를 판단하고 있습니다. 물론 이후에 생각이 바뀌는 경우도 종종 있지만, 거만하다거나 퉁명스럽다는 인상을 받았다면 쉽게 그 인상이 달라지지는 않을 것입니다. 명품관에 갔더니 직원이 당신을 위아래로 훑어보며 퉁명스러운 말투로 "따라오시죠"라고 했다면, 과연 그 매장에서 물건을 사고 싶을까요?

따라서 듣기 좋은 말투를 만드는 것은 매우 중요합니다. 면접, 발표, 첫 회의, 전화 연결, 고객 응대 등 모든 평가는 '말투'로부터 시작됩니다. 그렇다면 호감형 말투는 어떻게 만들 수 있을까요?

우선 중요한 것은 말의 속도입니다. 급하지 않게 말하는 사람일수록 신뢰감을 줍니다.

"안녕하세요, 갑자기 연락드려서 죄송합니다. 지난번 제안 관련해서 간단히 검토 의견을 좀 여쭙고 싶어서요."

문장을 한 호흡으로 쏟아 내는 것과 두어 군데 끊어 가며 말하는 것은 전혀 다르게 들립니다. 너무 급하게 말하면 준비되지 않은 사람처럼 느껴집니다. 물론 전달할 정보가 많기 때문에 말이 많아지는 경우도 있지만, 굳이 그렇게까지 빠르게 전달할 필요가 없는 상황에서 말이 빠르다는 건 불안과 초조함의 신호이기 때문입니다.

대화의 초입에서는 천천히, 상대방에게 정보를 받아들일 여유를 주며 이야기를 꺼내야 합니다. '여유'는 불필요한 장식이 아니라, 상대방에게 자연스럽게 신뢰감을 주는 방법입니다. 급하지 않은 말투는 신뢰와 전문성을 보여 주는 지표가 되기도 합니다.

다음으로는 사용하는 단어를 최대한 부드럽게 다듬어야 합니다. 첫 만남에서 "아뇨", "예", "몰라요", "왜요?"라고 단답형으로 이야기하는 사람이 있다고 해 봅시다. 굉장히 퉁명스럽게 느껴지지 않을까요? 상대방에게 '저 사람은 나와 이야기하기가 싫은가?'라는 인상을 주어서는 안 됩니다.

같은 "왜?"라도 "어떤 이유 때문에 그러시죠?"로 부드럽게 바꿔 주면 훨씬 더 호감가는 인상을 줄 수 있습니다. "몰라요" 보다는 "잘 모르는데, 혹시 뭐 때문에 여쭤 보시는 걸까요?"처럼, 짧은 단답형 단어를 사용하기보다는 최소한 한 문장으로, 그리고 필요하면 상대방에게 도움을 주고 싶다는 투로 부드럽게 이야기를 하는 것이 좋습니다.

또 한 가지는 감사의 표현입니다. "고맙습니다", "감사합니다"라는 말을 자주 하는 사람에게는 호감이 더 갈 수밖에 없습니다. 인간이라는 존재는 사회적인 동물이기 때문에 관계 속에서 타인에게 도움을 주는 등 자신의 쓸모를 인정받았을 때 인정 욕구가 충족됩니다. 따라서 사소한 도움이거나 작은 관심일지라도, 감사함을 자주 표현하는 습관을 들여 보는 것이 좋습니다.

평소 별로 사용하지 않았다면 감사의 표현이 어색하게 느껴질 수도 있습니다. 하지만, 평범한 일상 속에서도 감사할 일이 참 많습니다. 세상에 당연한 호의는 없다는 것을 기억하며 고마움을 자주 전달한다면, 나도 모르는 새에 호감 가는 사람이 되어 있을 것입니다.

마지막은 칭찬입니다. 무적의 무기처럼 느껴지는 칭찬에도 기술이 있습니다. 그 사람이 특히 노력하거나 신경 쓰는 부분을 칭찬해 봅시다. 다른 내용의 칭찬보다 훨씬 더 기분 좋아할 것입니다. 예를 들어, 최근 헬스를 시작해 몸을 키우고 있는 동료가 있다고 합시다. "요즘 몸이 더 커진 것 같아"라는 한 마디가, 오늘 밤 헬스장에서 무게를 더 기쁘게 치게 되는 동력이 됩니다.

칭찬에 맥락과 감사가 함께 포함되어 있으면 더욱 좋습니다. "이번 행사 때 정말 감사했습니다. 대리님께서 부스 설계하고 정리하는 거 안 도와주셨으면 정말 막막했을 텐데, 여러 번 성공적으로 부스 행사 진행을 해 보셨던 대리님께서 도와주신 이후부터 일에서 오는 스트레스가 많이 없어졌어요. 대리님이 계셔서 정말 다행입니다. 감사해요"처럼, 감사와 칭찬을 함께 사용하는 겁니다. 상대의 경력을 치켜세워줄 수 있으면 더욱 좋습니다. 막연하게 '좋은 말'을 하는 사람보다, 구체적으로 스토리를 붙여 칭찬하는 사람이 더 기억에 남는 것은 당연한 일입니다.

사람들은 당신의 말투를 통해 당신의 태도를 파악합니다. 단정한 말투는 신뢰를 만들고, 부드러운 말투는 관계를 열어 줍니다. 좋은 말투를 갈고닦아, 어디서나 호감 가는 사람이 될 수 있도록 노력해 봅시다.

평판을 갈라놓는 말의 디테일

같은 팀, 같은 업무, 비슷한 연차. 그런데도 유독 주목받는 사람이 있습니다. 발표는 같은 내용을 다뤄도 더 간결하고, 보고도 똑같이 올렸는데 반응이 다릅니다. 말투는 무난한데도 주변 사람들의 신뢰를 얻고, 존재감 없이 조용한데도 중요한 순간에 선택을 받습니다.

이 차이를 만든 건 바로 '말의 디테일'입니다. 단어 하나, 표현 하나는 다듬는 데 5초도 걸리지 않지만, 그 디테일은 누군가에겐 능력으로, 누군가에겐 미숙함으로 평가됩니다.

① 말의 마무리: '열어 두는 말'이 신뢰를 만든다

완성된 자료를 상사에게 공유하면서 "보냈습니다" 한 줄만 던지는 사람이 있습니다. 반면 누군가는 같은 상황에서 "혹시 빠뜨린 부분이 있다면 말씀 주세요. 바로 반영하겠습니다"라고 말합니다. 앞선 문장은 업무 종료의 느낌이고, 후자는 열린 태도의 표현입니다. 내 할 일을 다했으니 이제 알아서 하라는 느낌보다, 피드백에 대해서 열려 있다는 인상 하나가 협업에 있어 신뢰의 차이를 만듭니다. 대충 일을 넘기고 끝내는 사람이 아니라, 함께 조율할 수 있는 사람이라는 이미지를 남기기 때문입니다.

② 표현의 주체: '내 생각에는'보다 기준을 앞세워 말하기

"제 생각엔요"라는 말은 겸손해 보이지만, 회의 자리에서는 자칫 무게감 없는 의견으로 들릴 수 있습니다. 특히 팀원 간 아이디어를 나누는 자리에서, "제 생각엔 A안을 먼저 적용해 보는 게 좋을 것 같습니다"라고 말하면, 단순한 개인 의견처럼 인식됩니다. 반면 "현재 우리 팀이 보유한 자원과 일정상 A안을 우선 적용하는 게 현실적인 접근이라고 판단했습니다"라고 말하면, 똑같은 제안이라도 전혀 다른 인상을 줍니다.

보고할 때도 마찬가지입니다. "제 판단에는 아직 이른 것 같습니다"라고 말하는 대신 "현재 프로젝트 진행률과 예산 소진율 기

준으로 보면, 아직 도입을 검토하긴 이른 시점입니다"라고 하면 말의 무게가 달라집니다. 전자는 개인의 주관처럼 들리지만, 후자는 데이터를 근거로 한 '판단'처럼 들립니다.

기준이나 상황, 맥락을 함께 제시하는 사람에게는 신뢰감이 자연스럽게 쌓일 수밖에 없습니다. 주관이 아니라 합리적인 기준을 제시하는 구조, 그것이 조직에서 신뢰받는 말의 구조입니다.

③ 책임의 언어: '확인해 보겠다'는 말만으론 부족하다

질문을 받고 "한번 확인해 보겠습니다"라고 답하는 사람은 많습니다. 그러나 그 말에 시간을 더해 "확인 후 오후 3시까지 말씀드리겠습니다"라고 마무리하는 사람은 다릅니다. 말의 구조에 예고된 책임이 포함되어 있기 때문입니다. 언제, 어떻게 처리할지를 예측 가능하게 만드는 말의 디테일은 실력 못지않게 평가를 갈라놓습니다.

④ 주도권을 드러내는 말: 평가의 결이 달라진다

같은 업무를 맡더라도 말을 꺼내는 방식에 따라 조직 내에서의 역할과 기대치가 달라집니다. 누군가는 "네, 시키시는 대로 해 보겠습니다"라고 말합니다. 반면 다른 누군가는 "이 일은 우선 A와 B 순서로 정리해 보겠습니다. 중간에 확인이 필요하시면 말씀

주세요"라고 말합니다. 실제로 맡은 일은 같을지라도, 전자는 수동적인 사람으로, 후자는 능동적으로 주체성을 가진 사람으로 보입니다.

주도권을 갖고 있다는 인상을 주는 말에는 일의 구조, 판단의 기준, 책임의 흐름이 함께 담깁니다. 단순히 "제가 하겠습니다"라는 말보다, 어떤 방식으로 접근할지, 무엇을 염두에 두고 있는지를 먼저 말하는 사람이 있습니다. 그 사람은 맡은 일을 처리하는 데 그치지 않고, 업무의 단계를 스스로 설계해 가는 사람으로 평가됩니다.

⑤ 반응의 정리: '네'보다는 한 줄 요약으로

피드백을 받을 때 "네"라고만 대답하면, 듣고는 있으나 이해하고 있는지는 알 수 없습니다. 반면 "말씀 주신 부분 반영해 내일까지 수정하겠습니다"라고 말하면, 요지를 요약하고 일정까지 예고한 셈이 됩니다. 말을 줄이지 말고 단 한 줄로 정리해서, 내가 이해했음을 상대방이 확인하게 해 주는 과정이 중요합니다. 듣는 힘과 이해력이 있고, 같이 일하기 편한 사람이라는 인상을 줄 수 있습니다.

말의 디테일은 문장력보다 인식력에서 나옵니다. 상대가 어떤 맥락에서 듣고 있는지를 먼저 짚을 줄 아는 사람은 어떤 단어를 써야 하는지도 정확히 알고 있습니다. 단정한 표현, 정리된 반응, 열린 태도는 은연중에 모두 묻어 납니다. 위 방법들을 사용한다면, 분명히 함께 일하고 싶은 사람으로 인정받을 수 있으리라 생각합니다.

당신의 말투는 몇 점?

같은 말을 했는데도 평가가 달라질 때가 있습니다. 전달한 내용은 정확했는데 감정적으로 들렸다고 하고, 분명 의견을 냈는데 태도가 자신 없어 보였다는 반응이 돌아옵니다. 실수를 해도 괜찮아 보이는 사람이 있는가 하면, 같은 실수를 하고도 유독 신뢰를 잃는 사람이 있습니다. 그 차이는 실력이나 정보의 질이 아니라, 말의 방식과 태도에서 비롯됩니다.

신뢰를 만드는 말투, 불안을 드러내는 말투, 주도권을 표현하는 말투는 모두 다릅니다. 이 장에서는 지금의 말투가 커리어에서 어떻게 작동하고 있는지를 스스로 점검해 볼 수 있도록, 간단한 체크리스트를 준비하였습니다.

지금 당신의 말투는 어떤가

다음 열 가지 문항을 통해 자신의 말투를 점검해 볼 수 있습니다. 각 문항에 대해 '전혀 아니다(0점)', '가끔 그렇다(1점)', '자주 그렇다(2점)'로 응답하고, 총점을 계산해 봅시다.

1. 설명할수록 말이 길어지고 핵심이 흐려진다.
2. 의견을 말한 뒤, "괜히 세게 말했다"는 생각이 자주 든다.
3. 피드백을 받을 때 "네"로만 반응하는 경우가 많다.
4. 보고 중 "그냥요", "일단은요" 같은 말이 습관처럼 붙는다.
5. 발표나 대화 전, 완벽한 문장을 만들어야 말할 수 있을 것 같은 압박이 있다.
6. 업무 중 누군가의 말에 감정적으로 반응한 적이 있다.
7. 말투가 사람에 따라 지나치게 달라진다는 피드백을 받은 적 있다.
8. 발표 중 흐름이 끊겼다고 느낀 순간이 있다.
9. 일상 대화에서는 괜찮은데, 공식 자리에서는 말이 줄어든다.
10. 다른 사람의 말실수는 예민하게 인식되지만, 내 말 습관은 잘 돌아보지 않는다.

• **점수가 말해 주는 말투 적신호**

0점 ~ 4점: 현재 말의 구조와 태도는 비교적 안정적인 상태입니다. 감정이 개입되지 않고, 핵심이 잘 전달되는 편이며, 실무에서도 신뢰를 받는 말투를 구사하고 있을 가능성이 높습니다.

5점 ~ 9점: 겉보기에 문제는 없어 보여도 반복될수록 신뢰가 깎일 수 있습니다. 특히 말의 첫 문장이 모호하거나, 말끝이 흐려지는 습관이 있다면 조정이 필요합니다. 보고서보다 말로써 평가받는 일이 늘고 있는 지금, 말의 구조를 다듬는 훈련이 필요합니다.

10점 ~ 14점: 말이 업무에 악영향을 끼치고 있을 가능성이 큽니다. 이 단계에서는 '말을 잘하려는' 노력보다 '실수를 줄이는' 전략이 선행되어야 합니다. 많이 말하는 것보다 말을 정돈되게 하는 것이 중요합니다. 특히 "그런 의도는 아니었어요", "그냥 드린 말씀이었어요"처럼 해명형 말버릇이 반복되고 있다면, 반드시 언어 구조를 점검해야 합니다.

15점 이상: 말투 때문에 본래 실력보다 부정적으로 평가받고 있을 가능성이 큽니다. 말을 흐리고 말에 자꾸만 감정이 실리는 순간, 의도와 무관하게 비호감과 불신이 쌓입니다. 전면적인 점검이 필요해 보입니다.

신뢰받는 사람은 어떻게 말할까?

커리어에서 중요한 건 말을 '설득력 있게', '책임감 있게', '신뢰감 있게' 하는 것입니다. 그 모든 것은 말의 구조, 말의 태도, 그리고 말의 마무리에서 드러납니다. 이제부터는 어떤 말 습관이 신뢰를 만들고, 어떤 말투가 협업을 방해하는지를 더 구체적으로 살펴보고자 합니다.

말의 태도는 관계의 질을 결정합니다. 같은 보고라도 어떤 말투로 하느냐에 따라 듣는 사람의 신뢰도가 달라지기 마련입니다. 신뢰를 받는 말투는 간결함과 명확성, 그리고 책임감 있는 어조로 구성됩니다. 다음은 신뢰받는 사람이 갖는 말 습관의 특징입니다.

① 말의 끝을 또렷하게 마무리한다

"그렇게 하면 좋을 것 같은데요…"처럼 흐리는 말보다는 "이 내용은 오늘 중으로 정리해서 드리겠습니다"처럼 분명한 끝맺음이 신뢰를 줍니다. 끝을 흐리는 말은 책임을 피하는 인상으로 연결되기 쉽습니다. 반면, 명확한 마무리는 자신의 말에 책임질 준비가 되어 있다는 메시지를 전달합니다.

② 주관보다 공동의 기준을 앞세운다

"제 생각에는…"보다는 "현재 팀 가이드라인에 따르면, 이 항목은 외부 공유가 어렵습니다"처럼 기준이나 상황을 근거로 말하는 것이 설득력을 높입니다. 개인의 감보다 공동의 기준을 내세우는 말은 더 신뢰할 수 있는 판단으로 받아들여집니다.

③ 단어를 명확하게 선택한다

"일단요… 그냥요…" 대신 "이 부분은 기준이 불분명합니다"처럼 불필요한 표현은 덜고, 정확한 용어를 사용하는 말투가 더 전문적으로 들립니다. 불분명한 부사나 중복된 표현은 말의 초점을 흐리고, 핵심을 놓치게 만듭니다.

④ 구체적인 수치를 사용한다

"모두가 좋아했어요"보다는 "5명 중 4명이 긍정적으로 평가했습니다"처럼 구체적인 수치가 있는 말이 객관적으로 더 신뢰감을 줍니다. 수치는 주관적 느낌이 아니라 사실 기반의 근거이기 때문에 듣는 사람이 명확하게 판단할 수 있게 돕습니다.

⑤ 듣는 사람을 고려해 말의 리듬을 조절한다

쉼 없이 쏟아 내기보다는 "이 안건은 세 가지로 정리할 수 있습니다. 첫째는…"처럼 정리된 리듬으로 말하는 습관이 소통의 질을 높입니다. 문장을 나눠 말하고 포인트마다 잠깐 멈추는 말투는 상대에게 정보를 소화할 수 있는 여유를 줍니다.

⑥ 빠르게 반응하고 명확히 정리한다

질문이나 논의에 "지금 말씀하신 점은 회의록에 반영하겠습니다"처럼 즉시 반응하며 요점을 정리하는 태도가 신뢰를 만들어 줍니다. 핵심을 놓치지 않고 실시간으로 정리하는 말은 책임감과 집중력을 함께 보여 주기 때문입니다.

⑦ 의견보다 제안으로 표현한다

"그건 좀 아닌 것 같아요"보다는 "이 부분은 이런 방향으로 진행해 보면 어떨까요?"처럼 대안을 제시하는 말이 협업에서는 더

   4장 호감과 비호감을 결정짓는 말투

욱 효과적입니다. 문제를 지적하는 데서 그치지 않고 해결책까지 제시하는 말은 실무 능력과 팀워크를 동시에 드러냅니다.

반대로, 다음과 같은 말 습관은 미숙함, 감정 중심, 혹은 책임 회피로 평가될 수 있으니 주의해야 합니다.

① 말끝을 흐린다

예: "아니 뭐… 그럴 수도 있고요… 하하…"

정확한 입장 대신 농담처럼 말을 흐리면, 책임을 피하거나 확신이 없는 사람처럼 보일 수 있습니다. 주장을 말할 땐 "제 입장은 이렇습니다"처럼 반드시 한 문장으로 요약해 마무리하는 습관을 들이는 것이 좋습니다.

② 해명형 말투를 쓴다

예: "그런 뜻은 아니었어요", "오해하신 것 같아요"

듣는 사람의 기분을 방어하는 말은 곧 책임을 피하려는 인상으로 연결됩니다. 해명은 설명이 아닌 방어로 읽히기 쉽습니다. 상대의 반응이 예기치 않게 돌아올 때, 해명 대신 상황을 요약하거나 앞으로의 조치를 말하는 방향으로 대응해야 합니다.

③ 감정이 실린 말투를 쓴다

예: "아니, 이건 너무한 거 아닌가요?"

화난 말투는 메시지보다 감정을 기억하게 합니다. 업무 내용보다 감정적 태도가 강조되는 말투는 신뢰를 급격히 떨어뜨립니다. 따라서 문장 속에 감정을 담기보다는, 먼저 정리하고 말하는 루틴을 만들어야 합니다. '이건 너무했다'보다 '이 부분은 재확인이 필요해 보인다'로 대체하는 것이 좋습니다.

④ 말이 산만하게 흘러간다

예: "아, 그리고 그거 있잖아요… 그때 말했던 거…"

핵심이 없는 말은 회의와 대화의 흐름을 깨고 집중력을 흐립니다. 상대가 맥락을 추적해야 하는 부담을 느끼게 합니다. 중요한 내용을 말할 땐 키워드 3개를 미리 메모하고, 그 틀 안에서 말하는 훈련을 반복해 봅시다.

⑤ 겸손이 지나쳐 자신 없는 말투로 들린다

예: "제가 이런 얘기를 드려도 될지 모르겠지만요…"

겸손은 미덕이지만, 반복되면 자신감 결여로 해석됩니다. 특히 리더십이 필요한 순간에는 오히려 역효과가 납니다. 이럴 때는 말의 앞부분은 간결하게, 본론부터 시작하는 구조로 말해 봅시다. "A안으로 가는 것이 좋다고 생각합니다"처럼 확실한 문장으로 말문을 열면 믿을 수 있는 사람으로 여겨집니다.

⑥ 너무 빠르게 말한다

예: "그러니까요, 제 생각엔 이게 그… 그럴 수 있는데요, 그러니까…"

불안하거나 급한 말은 듣는 사람이 정리할 틈 없이 지나가게 되어 당황스러움만 남깁니다. 문장을 3개 이상 연달아 말할 때마다 반드시 한 번 숨 고르기 타이밍을 넣는 훈련을 해 봅시다.

⑦ 말을 끊고 자기 말만 이어 간다

예: "아 그건요, 제 생각엔요…"

상대의 말 중간을 자르면 협업보다 '경쟁'하는 사람처럼 보입니다. 말하는 능력보다 듣는 태도가 부족한 인상을 줍니다. 회의 중에는 반드시 상대가 마무리한 뒤 1초를 두고 말하는 습관을 들입시다. 듣고 있다는 태도가 말의 절반입니다.

하루 한 문장, 7일간의 말투 교정 루틴

습관은 하루아침에 바뀌지 않습니다. 특히 말투는 무의식적으로 나오는 경우가 많기에, 단기간에 완전히 교정하려고 하면 오히려 어색함이나 부자연스러움만 더해질 수 있습니다.

그래서 필요한 것이 일상 안에서 무리하지 않고 실천할 수 있는 작은 루틴입니다. 하루 한 문장만 바꾸는 연습으로도 말의 구조는 분명 달라집니다. 다음의 순서대로 일주일 동안 실전 훈련을 해 봅시다.

   4장 호감과 비호감을 결정짓는 말투

Day 1 - 말의 속도를 늦추는 연습

: "한 문장 말하고, 한 박자 쉬기"

[왜 필요한가?]

빠르게 말하면 불안해 보입니다. 다급한 말투는 준비되지 않은 사람이라는 인상을 줍니다.

[실전 루틴]

① 오늘 하루, 누군가에게 말을 걸기 전에 '한 문장 말한 뒤 1초 정적'을 주는 연습을 해 봅니다.

② 말 3문장을 종이에 적고, 쉼표나 마침표 이후 잠깐 멈춰서 말하는 연습을 해 봅니다.

[연습 예문]

X	"지금 이 건은요 자료 보시면 아시겠지만 지난번과는 다른데요…"
O	"지금 이 건은, 자료 보시면 아시겠지만, 지난번과는 다릅니다." (각 문장 사이 한 박자 멈춤)

: "말을 흐리지 말고 닫는다"

[왜 필요한가?]

말의 끝이 흐려지면 책임감도 모호해집니다. 반드시 명확하게 문장의 끝을 닫아 주어야 합니다.

[실전 루틴]

① 업무 보고나 회의 발언 시, 문장 끝을 반드시 '마침표 어조' 로 말합니다.

② 말끝을 '요…', '같은데요…', '그럴 수도 있고요…'로 흐리는 습관을 체크합니다.

③ 하루 동안 마무리 문장을 3번 또렷하게 정리해 말하는 것 을 목표로 합니다.

[연습 예문]

X	"아마 그렇게 하면 좋을 것 같긴 한데요…"
O	"그렇게 정리하는 게 가장 효율적이라고 판단했습니다."

[왜 필요한가?]

'그냥', '일단', '좀', '어쨌든' 같은 부사는 말의 명확성을 떨어뜨립니다. 불안감이나 회피의 표시로 해석될 수 있습니다.

[실전 루틴]

① 하루 동안 내 말에 붙는 습관적 부사를 메모해 봅니다.

② 그 단어 없이 말할 수 있는 대안을 찾아봅니다.

③ 발표나 회의 전, 말할 문장을 미리 적을 때 부사 제거를 시도해 봅니다.

[연습 예문]

X	"일단은 그냥 확인해 보는 게 좋을 것 같아요."
O	"이 부분은 오늘 중으로 확인하고 말씀드리겠습니다."

: "의견은 평온하게, 표현은 단정하게"

[왜 필요한가?]

감정이 실린 말은 메시지보다 감정적인 사람이라는 인상을 더 강하게 남깁니다. 신뢰는 감정이 아니라 구조에서 옵니다.

[실전 루틴]

① 감정을 표현하기 전 '의견 → 사실 → 제안' 순서로 말하는 훈련을 해 봅니다.

② 짜증, 억울함, 당황스러움이 올라올 때 마음속으로 "사실만 말하자"고 리프레이밍 합니다.

③ 하루 중 1회, 감정을 눌러 담고 이성적으로 말해 낸 장면을 복기해 봅니다.

[연습 예문]

X	"아니 이건 좀 너무한 거 아닌가요?"
O	"이 부분은 일정상 무리가 있는 것으로 보입니다. 조정이 필요합니다."

Day 5 - 기준으로 말하는 연습

: "'내 생각에는' 대신 '~기준으로는'"

[왜 필요한가?]

조직에서는 개인의 의견보다 기준과 근거가 더 설득력을 가집니다.

[실전 루틴]

① 업무 중 판단이 필요한 순간, '왜 그렇게 생각했는가' 하는 판단의 기준을 적어 봅니다.

② 말할 때는 '~기준으로는', '현재 상황상' 같은 맥락 표현으로 시작합니다.

③ 하루 3회, 의견을 기준으로 말해 내는 것을 목표로 합니다.

[연습 예문]

X	"제 생각에는 이건 좀 빨라요."
O	"현재 예산 집행률 기준으로 보면, 도입하기엔 시기상조입니다."

Day 6 - 반응의 한 줄 정리 훈련: "네 → 요약 + 예고"

[왜 필요한가?]

'네'만 말하는 반응은 수동적으로 보입니다. 요약과 일정 정리처럼, 일 처리를 효율적으로 한다는 인상을 주는 것이 좋습니다.

[실전 루틴]

① 피드백을 받을 때, 핵심 내용을 한 문장으로 요약해 복기해 봅니다.

② "언제까지 무엇을 하겠다"라는 예고형 반응으로 마무리합니다.

③ 하루 3회, 반응을 정리된 문장으로 해 보는 것을 목표로 합니다.

[연습 예문]

X	"네."
O	"말씀 주신 포인트는 내일까지 반영해서 공유 드리겠습니다."

  4장 호감과 비호감을 결정짓는 말투

[왜 필요한가?]

훈련은 반복보다 복기를 통해 정착됩니다. 말의 구조는 말한 뒤 복기할 때 비로소 보입니다.

[실전 루틴]

① 오늘 가장 아쉬웠던 말 한 문장을 떠올립니다.

② '그때 이렇게 말했으면 어땠을까?'를 기준으로 고쳐 봅니다.

③ '말한 문장 - 고친 문장 - 느낀 점' 세 가지 항목으로 하루 3줄 복기합니다.

[복기 예시]

오늘의 문장: "그냥 뭐… 알아서 하시면 될 것 같아요."

고친 문장: "이건 팀 안에서 먼저 정리한 뒤, 2시까지 공유드리겠습니다."

느낀 점: 말의 불분명함이 책임 회피처럼 들릴 수 있다는 걸 깨달았다.

말투 교정 루틴은 '인상'을 바꾸는 가장 현실적인 도구입니다. 말투는 성격보다 빨리 바꿀 수 있습니다. 성격은 고치기 어렵지만, 문장 하나를 고치는 건 누구나 할 수 있습니다. 그리고 그 한 문장이 쌓이면, 마치 성격이 바뀐 듯한 변화를 가져옵니다.

말은 단순한 커뮤니케이션 도구가 아니라 지금의 태도와 판단력, 책임감, 배려를 전달하는 하나의 형식입니다. 그래서 좋은 말투를 갖는다는 건 좋은 일의 방식과 신뢰의 패턴을 갖게 되는 것을 의미합니다.

이 일주일 루틴은 당신의 말투를 바꾸고, 결국 당신의 커리어를 바꿀 것입니다. 하루에 하나씩, 말의 구조를 정리해 나가다 보면, 당신에 대한 인상도 그 어느 때보다 좋아져 있을 것입니다.

듣기 좋은 소리로 말하는 물리적 훈련법

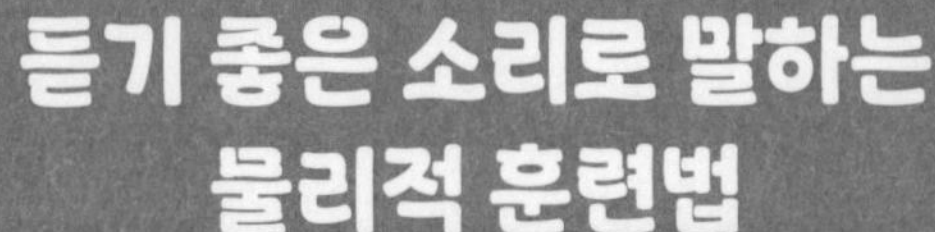

아나운서처럼 목소리 내는 법

"목소리는 타고나는 거잖아요."

그렇지 않습니다. 목소리는 훈련으로 얼마든지 달라집니다. 실제 방송국 아나운서들도 훈련을 통해 목소리를 다듬고, 무대에서 울리는 말소리를 만들어 갑니다. 저 역시 처음 아나운서 아카데미에 등록했을 때, 도저히 듣기 힘들 정도의 코맹맹이 소리를 가지고 있었습니다. 첫 뉴스 원고를 받아 진지한 척 읽어 보았지만 영상 속의 저는 어딘가 염소 같았고, 최소한 콧구멍 두 개 중 하나쯤은 막힌 듯한 목소리를 내고 있었습니다. 지금 생각해 보면, 저 목소리로 어떻게 감히 아나운서를 하겠다고 마음먹었을까 싶을 정도입니다. 한마디로 흑역사였습니다.

　좋은 목소리란 단순히 '예쁜 소리'를 말하지 않습니다. 안정된 호흡, 명료한 발음, 듣는 이를 사로잡는 울림. 이 세 가지가 모두 필요합니다. 그 구조는 근육과 호흡, 공명이라는 세 가지 축 위에 세워집니다. 어려워 보이지만, 하루 10분만 꾸준히 반복하면 누구나 아나운서처럼 또렷하고 안정된 목소리를 만들 수 있습니다. 저 같은 코맹맹이 염소도 해냈으니, 믿어도 좋습니다.

① 목소리 내기 전 준비

　말은 입과 목으로 하는 행위입니다. 따라서 좋은 목소리를 내기 위해서는 입과 목의 근육이 잘 풀려 있어야 합니다. 긴장 상태에서는 성대를 둘러싼 근육들이 경직되면서 성대가 과도하게 조여지고, 호흡도 얕아져 목소리가 쉽게 떨리면서 평소보다 얇게 나오게 됩니다. 또한, 입을 제대로 풀어 주지 않으면 정확한 발음을 하기가 어렵습니다. 발음이 뭉개지면 전달력이 즉시 떨어지기 때문에, 자주 입을 풀어 주는 것이 매우 중요합니다. 실제로 뉴스를 하기 직전, 아나운서들은 항상 입과 목을 함께 풀어 줍니다.

[입 풀기 루틴]

1) 입술을 '으' 모양으로 붙인채, 입술을 떨어 "브르르르르" 소

　　　5장 듣기 좋은 소리로 말하는 물리적 훈련법

리를 10초 동안 나게 합니다. 오토바이 시동을 거는 듯한 소리가 나야 합니다.

2) 입을 다물고, 혀를 치아 위쪽에서 시계 방향으로 5번, 반시계 방향으로 5번 돌립니다.

3) "아에이오우"를 천천히, 입을 크게 벌리며 3번 발음합니다.

4) "똑-딱-똑-딱-똑-딱-" 입 모양을 아주 크게 하여 반복합니다.

[목 풀기 루틴]

1) 고개를 좌우로 천천히 돌려 목 근육을 이완시켜 줍니다.

2) 턱을 살짝 들고 하품하듯 '하아~' 소리를 길게 내며 턱과 인후 근육을 풀어 줍니다.

3) 목을 감싸고 "음~" 소리를 5초씩, 3회 반복하며 성대 진동을 익힙니다.

② 복식호흡으로 안정된 음성 만들기

복식호흡은 횡격막을 활용해 숨을 들이쉬고 내쉬는 방식입니다. 흉식호흡과 달리 가슴이 아니라 배 쪽이 움직이며, 들숨 시 배가 자연스럽게 나왔다가 날숨 시 안으로 들어갑니다. 이 호흡은 성대에 과도한 압력을 가하지 않으면서도 충분한 호흡량을 확보할 수 있어, 말할 때 숨이 가빠지지 않고 음성이 안정되는 효과가 있습니다.

또한 복식호흡은 발성 시 긴장을 완화시키는 데도 좋고, 성대에 피로감이 덜해 장시간 말할 때에도 유리합니다. 아나운서들은 기본 발성 훈련 단계에서 이 복식호흡을 필수적으로 익힙니다.

하루 5분, 누워서 또는 앉아서 다음의 복식호흡 훈련을 반복하다 보면 '배로 숨 쉬는' 감각이 익숙해집니다. 이 감각이 생기면 말할 때 목소리가 흔들리지 않고, 훨씬 안정되게 들립니다.

[복식호흡 훈련법]

1) 바닥에 등을 대고 눕습니다.

2) 한 손은 가슴, 한 손은 배 위에 올립니다.

3) 코로 숨을 들이마실 때 배가 먼저 올라오고, 가슴은 가만히 있도록 합니다.

4) 입으로 천천히 숨을 내쉬며 배가 들어가는 걸 느낍니다.

5) 위 동작을 10회 반복한 뒤, 의자에 앉아서도 같은 방식으로 연습합니다.

③ 단단한 말하기의 기초: 이중모음·파열음 훈련

이중모음과 파열음 훈련은 모두 입의 근육을 단단하게 쓰는 연습이자, 발음의 탄력을 키우는 핵심 훈련입니다. 이중모음은

   5장 듣기 좋은 소리로 말하는 물리적 훈련법

입 모양과 혀의 움직임을 정교하게 조절해야 정확하게 낼 수 있는 소리이며, 파열음은 공기를 막았다가 순간적으로 터뜨리며 내는 소리로, 입술이나 혀끝의 순간적인 긴장과 터트림으로 형성됩니다.

대표적인 파열음에는 ㅂ, ㄷ, ㄱ, ㅍ, ㅌ, ㅋ 같은 자음이 있습니다. 이 소리들은 입술이나 혀끝, 목구멍 근처에서 강한 압력과 함께 만들어지기 때문에, 말의 힘과 명료함을 키우는 데 핵심적인 역할을 합니다. 예를 들어, "밥 먹다", "닫다", "국밥", "파도", "타다", "코트"처럼 파열음이 들어간 단어들은 명확하게 발음하지 않으면 흐리게 들리거나 말끝이 흐려집니다. 반대로 파열음을 또렷하게 발음하는 습관이 들면 말 전체가 단단해지고, 전달력도 크게 향상됩니다.

[이중모음 훈련법]

1) 뉴스 원고에서 자음과 받침을 빼고 모음만 스타카토로 강하게 외칩니다.

（예: 중부와 호남을 중심으로 거센 비가 쏟아지고 있는 가운데 → ㅜㅜ ㅘㅗㅏㅡㅜㅣㅡㅗ ㅓㅔ ㅣㅏ ㅗㅏ ㅣㅗ ㅣㅡ ㅏㅜㅔ)

2) 이중모음을 단모음으로 분절하여 한 음절마다 또박또박하게 발음합니다.

(예: 야여요유요→ 이아이어이오이우이오)

3) 발음이 흐려지는 음절(예: '의', '왜', '워')은 입을 더 크게 벌리
고 소리의 이동을 느끼며 반복합니다.

1) "빠-빠-빠", "따-따-따", "까-까-까"처럼 자음과 모음을 연결해
반복합니다.

2) "가갸거겨고교구규그기", "다댜더뎌도됴두듀드디", "바뱌버
벼보뵤부뷰브비"처럼 파열음이 들어간 글자를 모음 순서대
로 반복합니다.

3) 혀의 정확한 위치를 기억하는 것이 중요합니다.

④ 마이크 없이도 울리는 소리: 공명과 울림 연습

같은 문장을 읽어도, 어떤 사람의 목소리는 강의실 뒤까지 울
립니다. 이것이 '공명'의 힘입니다. 공명은 성대에서 나온 소리가
머리, 가슴, 비강 등 다양한 공간에 퍼지며 울리는 현상입니다.

1) 입을 다문 채로 양 광대에 손을 대고 "음~" 소리를 10초간
낸다. 이때 손으로 광대 부근의 진동을 느낍니다.

2) 그 상태로 "나-누-노-니-네"를 읽으며 얼굴에 울림이 퍼지는 느낌에 집중합니다.

3) 연습 문장을 한 음절씩 끊어서 투수가 공을 던지듯이 소리를 앞으로 보냅니다.

   (예: 안녕하십니까→ 안↘녕↘하↘십↘니↘까↘)

4) 한 음 한 음 힘 있게 끊어서 울림을 느끼며 크게 발음하는 것이 중요합니다.

출근 전 또는 자기 전, 하루 10분이면 충분합니다. 중요한 발표나 회의 전에는 짧게라도 위 연습들을 반복하면 목소리의 떨림과 조급함이 확실히 줄어듭니다. 매력적인 목소리는 타고난 성대가 아니라 반복된 연습에서 나옵니다. 그러니, 매일 조금씩 반복해 봅시다. 어느 날, 내 목소리가 울리는 방식이 달라졌음을 느끼게 될 것입니다.

떨리고 긴장될 때, 목소리의 중심을 잡는 법

긴장할 때 목소리가 떨리는 것은 단지 '유난히 긴장을 많이 해서'가 아닙니다. 우리 뇌가 위험 신호에 자동으로 반응하는 방어 시스템을 가지고 있기 때문입니다. 특히 편도체는 위협을 감지하면 곧바로 교감신경을 자극해 몸을 경직시키고, 심장박동과 호흡을 빠르게 만듭니다. 이때 성대 주변 근육도 함께 수축되면서 공기의 흐름이 끊기고, 목소리가 떨리게 되는 것입니다. 특히 이전에 사람들 앞에서 이야기를 하다가 실수했던 경험이 있다면, 비슷한 상황에 맞닥뜨리는 순간 편도체가 위기 상황이라고 인지하게 됩니다.

'나만 왜 이렇게 떨지?'라고 자책할 필요 없습니다. 저처럼 말을 직업으로 삼는 사람들도 갑자기 긴장감이 훅 올라오는 때가 많으니까요. 세상에 두려울 것이 없어 보이는 찰리 채플린 역시 사실은 말하기 전 불안감을 잘 느끼는 사람이었기에 모든 대사를 종이에 빼곡히 적어 놓은 채 방송에 나가고는 했습니다. 대화의 신이라 불리는 CNN의 래리 킹도 첫 방송을 할 때, 지나친 긴장 때문에 입이 떨어지지 않아서 한마디도 하지 못했다고 합니다. 이처럼 매일 말로 먹고 사는 사람들 역시 긴장합니다. 그렇다면 떨리는 것이 너무나도 당연한 일이 아닐까요? 지금부터는 이렇게 당연한 떨림을 어떻게 하면 완화시킬 수 있는지 그 방법을 소개하고자 합니다.

신체의 긴장도를 낮추는 이완 훈련

긴장을 하면 몸이 경직됩니다. 그렇기 때문에 몸을 이완시키면 자연스럽게 우리 뇌도 긴장을 놓고 편안한 상태에 놓이게 된다고 《내면소통》의 저자 김주환 교수는 말합니다. 평소에 신체적인 이완을 하는 훈련을 꾸준히 해야 마음의 평온함이 필요한 순간에 긴장을 조절할 수 있다는 것입니다. 특히 스피치를 앞두고 있을 때에는 성대와 가까운 곳의 근육을 이완시켜 주는 것이 몸시 중요합니다. 긴장되는 순간을 앞두고 있다면, 다음과 같은 방법으로 몸을 빠르게 이완시켜 봅시다.

① 어깨-턱 풀어 주기

1) 양 어깨를 천천히 으쓱 들어 올렸다가 툭 떨어뜨리는 동작을 5회 반복합니다.

2) 입을 반쯤 벌린 채 하품하듯 턱과 목을 부드럽게 늘립니다. 뇌는 이 움직임을 '긴장 해제 신호'로 받아들입니다.

② 네이비씰(Navy SEAL) 호흡법(4-4-4-4 호흡법)

네이비씰은 미국 해군의 특수부대로, 극도의 긴장 상황에서도 침착함을 유지하기 위해 특별히 고안된 호흡법을 연습합니다. '4초 들이쉬기 → 4초 멈춤 → 4초 내쉬기→ 4초 멈춤'의 과정을 반복하는 이 호흡법은 자율신경계의 부교감신경을 활성화시켜 스트레스 반응을 억제하는 작용을 합니다. 연습할 때에는 배에 손을 얹고, 들숨 시 배가 나오는지 확인하는 것이 도움이 됩니다.

③ 가짜 하품 3회: 턱·목·성대 긴장 해소

1) 입을 크게 벌리며 하품하는 동작을 의도적으로 3회 반복합니다.

5장 듣기 좋은 소리로 말하는 물리적 훈련법

2) 하품 후에는 숨을 길게 내쉬며 턱을 자연스럽게 아래로 떨어뜨립니다. 이 연습은 성대가 가장 이완되는 순간을 유도할 수 있어, 실제 발표 전 매우 유용합니다.

떨리는 목소리를 잡는 쉼표 전략

뇌는 낯선 자극 앞에서 '빨리 벗어나고 싶다'는 본능을 느낍니다. 그래서 많은 사람들이 긴장된 상태에서는 말을 '서두르며' 시작하게 됩니다. 특히 면접에서는 유독 빨리 대답해야 한다는 강박 때문에 급하게 말하게 되는 경우가 많을 것입니다. 그러나 마음이 급해질수록 천천히 쉬어 가야 합니다. 잠깐의 여유와 멈춤이 뇌를 진정시켜 주기 때문입니다.

긴장되는 순간이라면, 마음 속으로 딱 1초만 세고 말을 시작해 봅시다. 잠시 쉬어도 괜찮습니다. 면접에서도 오히려 깊이 생각하고 답하는 사람이라는 인식을 줄 수 있으니 성급히 답할 이유가 없습니다. 발표 직전에도 마찬가지입니다. 바로 말을 시작하기보다는 숨을 크게 한 번 들이키며 쉰 다음에 첫 문장을 꺼내 봅시다. 훨씬 더 안정적으로 말하는 자신을 만날 수 있을 것입니다.

스피치에 대한 공포의 핵심에는 '평가 불안'이 있습니다. 다른 사람들이 자신을 어떻게 바라볼까 걱정되는 마음, 사람들에게 잘 보이고 싶은 마음이 감정을 요동치게 만듭니다. 완벽해야 할 것만 같고, 실수하면 사람들이 자신을 비난하고 조롱할까 봐 걱정하는 마음이 스피치 공포의 가장 큰 주범입니다.

각 잡고 촬영한 졸업사진이 대체로 괴상한 것처럼, 무심코 하던 일도 의식하면서 잘하려고 하면 어색해집니다. 정말 떨리는 순간을 맞이하게 되었다면, 제가 알려 드리는 방법을 따라해 보시기 바랍니다.

① 최악의 상황이 무엇인지 객관적으로 기술하기

스피치를 망쳤을 때 나에게 벌어질 최악의 상황이 무엇인지 객관적으로 생각해 보면, 죽을 만큼 큰일은 아닌 경우가 많습니다. 그리고 최악의 상황이 일어날 확률이 어느 정도나 될지도 냉정하게 생각해 봅시다. 저의 경우, 프로그램에서 잘리거나, 해고 당하는 것이었습니다. 그때부터 플랜 B를 세웠고, 최악의 상황이 오더라도 다른 일로 먹고 살 수 있다는 마음가짐으로 방송을 하니 훨씬 더 편안한 마음으로 일할 수 있었습니다.

② 합리적인 목표 세우기

어차피 완벽한 스피치란 없습니다. 그러나 많은 사람이 완벽한 스피치가 있다고 착각하며 살아갑니다. 불안과 공포라는 심리의 기저에는 '이상과 현실의 간극'이 깔려있습니다. 완벽한 스피치라는 애초에 불가능한 이상을 목표로 상정한다면 매번 좌절할 수밖에 없습니다.

완벽한 목표 대신 합리적인 목표를 세워 봅시다. '3가지 핵심 키워드 다 말하기', '발음 실수 5번 이하로 줄이기'처럼, 목표를 잘게 잘라서 최소 단위의 성취감을 쌓아 나갑시다. 성공 경험이 쌓일수록 점점 자기효능감은 높아지기 마련입니다.

③ 천천히 말하기

긴장이 될수록 말이 급해집니다. 특히 평소에도 말이 원래 빠른 사람이라면 더 그렇습니다. 저도 평소 말을 빨리하는 습관이 있는데, 방송 모니터링을 하다 유독 긴장될 때 속사포처럼 말을 쏟아 내는 특성이 있다는 것을 알게 되었습니다.

긴장될 때에는 스스로 느끼는 말의 속도보다 실제로 훨씬 빠르게 말을 하고 있는 경우가 많습니다. 말이 빨라질수록 발음도 꼬이고, 발성도 망가지며, 내용도 망해 가는 '폭주 기관차'가 되기 쉬우니, 스스로 심장이 빨리 뛴다는 것을 느낄 정도라면 최대한 말을 천천히 해 봅시다. 저는 지금까지도 대본에 매번 '천천히'라고 매우 크게 적어 놓습니다.

무대 위, 면접장, 발표 직전 상황별 긴장 조절법

① 무대 위

관중 한 명 한 명의 표정을 집중해서 보지 말고, 객석의 중간 지점을 바라보며 시선을 분산해 봅니다. 부담스러운 사람을 바라보기보다는 고개를 끄덕이고 있거나 경청하는 듯한 호의적인 청중을 바라보면 마음 안정에 도움이 됩니다. 너무 긴장된다면, 청중에게 질문을 던지거나 물을 잠깐 마시면서 여유를 가져 보는 것도 좋습니다.

② 면접장

질문이 들어왔을 때 1초 멈추고 대답해 봅시다. 반드시 면접관의 눈을 쳐다볼 필요는 없습니다. 인중을 쳐다보더라도 면접관은 자신을 쳐다보고 있다고 느끼니 인중을 쳐다보시는 것도 방법입니다. 너무 긴장되는 경우, 주먹을 꽉 쥐었다가 힘을 빼는 방식으로 틈새 이완 운동을 하는 것도 도움이 됩니다.

   5장 듣기 좋은 소리로 말하는 물리적 훈련법

③ 발표 직전

발표 내용을 통째로 암기하려 하면 긴장을 더 자극합니다. 대신 핵심 키워드 5개 정도를 적고, 그 순서만 반복적으로 훑는 연습이 더욱 효과적입니다. 발표 1분 전에는 휴대폰을 내려놓고, 복식호흡을 하며 입 풀기 운동을 하거나, '내가 그린 기린 그림은 안 긴 기린 그림이고' 같은 잰말놀이를 하는 것도 좋습니다. 어려운 발음으로 구성된 잰말놀이를 틀리지 않고 소리 내어 읽다 보면 발표에 대한 걱정 대신 현재에 집중하게 되어 자연스레 긴장이 조절되는 효과가 있습니다.

핵심을 짚어 말의 전달력을 높이는 법

① 천천히 읽어 강조하기

일의 언어를 사용할 때에는 반드시 적당한 속도 조절이 필요합니다. 빠르게 말해야 할 부분과 느리게 말해야 할 부분이 나눠져 있습니다. 정확한 타이밍에 적당한 속도로 전달하는 것이 전달력에 미치는 영향이 매우 크기 때문에, 아나운서들은 MC를 보거나 행사를 진행할 때 말의 속도에 가장 신경을 많이 씁니다. 변호사로서 의뢰인에게 설명을 할 때도 마찬가지입니다. 누구나 다 아는 내용이나, 별로 중요하지 않은 부분은 빠르게 말하는 것이 좋고, 핵심 메시지에 해당하는 내용이거나 매우 강조해야 할 부분은 천천히 말해야 합니다.

- 느리게 말할 부분: 발표의 핵심 메시지, 어려운 명칭, 중요한
  단어, 강조할 부분 등
- 빠르게 말할 부분: 어미, 연결어, 대부분 알고 있는 내용, 중요
  도가 떨어지는 부분 등

밑줄 친 부분을 다른 내용보다 천천히 읽어 보세요.

- 올 하반기 우리 기업의 영업 이익은 <u>9,867,909,000원</u>입니다.
- 올해 청룡 영화제 최우수상 수상자는, <u>박보검</u>입니다.
- 인생에서 가장 힘들었던 것은 <u>부모님과의 갈등</u>이었습니다.

② 끊어 말해 강조하기

아나운서들이 대본을 받으면 가장 먼저 하는 것이 있습니다.
바로 문장에 빗금을 치는 일입니다. 문장 중간에 숨을 고르듯 끊
어 읽으라는 뜻입니다. 이렇게 대본에 빗금 처리를 해 두면 긴장
해서 점점 빨라지는 속도도 제어할 수 있게 되고, 의미 단위별로
전달을 하게 되기 때문에 전달력이 더욱 좋아집니다.

말 중간중간에 쉬어 가는 부분을 두어야 말이 또렷해지고, 설
득력이 생깁니다. 특히 발표, 면접, 회의처럼 듣는 사람의 집중이
중요한 상황에서는 끊어 말하기를 통해 말의 속도를 적절히 조

절할 필요가 있습니다. 자신이 유독 빨라지거나 버벅이는 문장이 있다면 더 잘게 쪼개서 이야기하는 것이 좋고, 자신이 숨을 돌릴 수 있는 구간이 어디쯤인지 예독을 하면서 미리 체크해 두면 스피치의 흐름을 원활하게 가져갈 수 있습니다.

특히, 중요한 단어나 강조하고 싶은 부분 앞에서 말을 한 번 끊어 주면 그 효과가 극대화됩니다. 청중에게 질문을 던진 이후, 핵심 단어를 말하고 난 이후, 내용이 전환되기 직전, 청중의 집중이 흐트러질 때에 잠시 멈추는 것도 효과적입니다.

빗금에서 잠시 말을 쉬어 가며 읽어 보세요.

존경하는 재판장님, / 변호인 ***입니다. / 이 사건은 / 단순히 계약 해석의 문제가 아니라, / 그 과정 전반에 걸쳐 형성된 신뢰 관계와 / 상호 기대 이익의 균형을 / 어떻게 해석할 것인가에 대한 사안입니다. / 먼저 / 사실관계부터 간단히 정리드리겠습니다. / 피고는 / 2023년 3월경 / 원고 측의 요청에 따라 / 해당 프로젝트의 자문을 시작하였습니다. / 계약서에는 명시적으로 / 자문 범위와 대가가 규정되어 있었고, / 피고는 이에 따라 / 성실하게 계약상 의무를 이행해 왔습니다. / 그러나 원고는, / 계약 종료 시점 이후에 발생한 손실까지 피고에게 책임을 묻고자 하고 있으며, / 이는 명백히 / 계약의 내용과 한계를 벗어난 주장입니다.

라디오 DJ들을 보면, 정말 귀에 쏙쏙 들어오게 이야기를 잘하는 경우가 많습니다. 특히 〈두 시 탈출 컬투쇼〉를 들어보면 강조를 굉장히 잘한다는 느낌을 받습니다. 타고난 입담과 성대모사를 제외하더라도 강조의 기술이 몸에 배어 있기 때문에, 청취자들이 언제 어디에서 듣든 내용을 잘 인지하게 만드는 것입니다. 다소 집중력이 떨어지는 회의, 협상 자리, 또는 발표에서도 강조법은 요긴하게 쓰입니다.

③ 높고 크게 강조하기

다른 부분보다 강조할 곳에 더 힘을 주고, 보통의 억양보다 살짝 높고 크게 말합니다. 다음 문장을 밑줄 친 부분만 강조하며 읽어 보세요.

"오늘의 첫 번째 주인공이 등장합니다. 신랑 입장."
"오늘의 첫 번째 주인공이 등장합니다. <u>신랑, 입장!</u>"

진짜 결혼식이었다면, 당연히 청중의 집중도가 달라질 수밖에 없을 것입니다. 이처럼, 같은 문장도 어디에 힘을 주느냐에 따

라 분위기와 메시지의 초점이 완전히 달라집니다. '신랑 입장'이
라는 말도 평평하게 말하면 단순한 안내에 불과하지만, 목소리에
힘을 실어 강조하면 의식의 시작을 알리는 신호로 바뀝니다. 말
의 무게가 바뀌는 것입니다.

회의나 발표에서도 "이번 분기 실적이 나쁘지 않습니다"라는
문장에서 '나쁘지 않습니다'에 강조점을 두면 방어적인 어조가
되고, '이번 분기'에 힘을 주면 시점의 중요성이 강조됩니다. 이처
럼 목소리를 통한 강조는 소리로 만든 형광펜과 같습니다. 어디
에 힘을 줄 것인가를 정해, 상대방에게 강조하고 싶은 내용을 정
확하게 강조해 봅시다.

④ 낮게 깔아서 강조하기

학창시절, 친구들과 떠들다가도 언성을 높이던 선생님이 갑자
기 목소리를 깔면 숙연해졌던 기억이 있습니다. 이처럼 음성을
크게 해서 강조할 수도 있지만, 반대로 작고 낮게 말해서 강조의
효과를 낼 수도 있습니다. 누구나 아는 말도 목소리를 낮춰 말하
면, 상대방은 오히려 더 집중하게 됩니다. 예를 들어, 다음 두 문
장에서 밑줄 친 부분에서만 목소리를 낮게 깔아 읽어 봅시다.

"죄송합니다. 이 부분은 저희의 명백한 판단 오류였습니다."

   5장 듣기 좋은 소리로 말하는 물리적 훈련법

"죄송합니다. 이 부분은 저희의 <u>명백한 판단 오류</u>였습니다."

첫 번째 문장과 달리 두 번째 문장에서는 진심, 조심스러움, 절박함이 모두 전달됩니다. 분위기의 밀도가 완전히 달라지는 것입니다. 특히, 슬픔, 진지함, 책임감, 사과 등의 감정을 전할 때는 이 낮춤 강조가 반드시 필요합니다. 크게 말하는 대신, 조용히 눌러 말하는 것, 진심을 전달할 때 사용하면 좋은 강조법입니다.

⑤ 반복해서 말해 강조하기

우리는 같은 말을 두 번 들을 때, 더 중요하게 받아들이는 경향이 있습니다. 뉴스 헤드라인에서도, 연설에서도, 광고 카피에서도 중요한 메시지는 반복됩니다. 1963년 워싱턴 D.C.에서 열린 연설에서 마틴 루터 킹 목사는 "I have a dream"이라는 문장을 총 8번 이상 반복하며 청중의 감정을 끌어올렸고, 스티브 잡스는 신제품 공개 행사에서 항상 말미에 "One more thing"이라는 문장을 사용했습니다. 짧은 문장을 반복적으로 사용함으로써 이제 진짜 중요한 것이 나온다는 암묵적 신호를 각인시킨 것입니다.

버락 오바마 대통령 역시 2008년 대선 캠페인에서 "Yes, we can"이라는 문구를 연설 내내 반복했습니다. 같은 단어 또는 문장을 반복했을 뿐인데 청자는 무의식적으로 '이건 정말 중요한 말이구나’ 하고 느끼게 됩니다. 발표나 스피치를 앞두고 있다면, 정말 중요한 ‘핵심 메시지’를 반복적으로 강조하는 방법을 사용하는 것을 추천합니다.

⑥ 단어 선택으로 강조하기

강조는 소리로만 하는 것이 아닙니다. 어휘 선택만으로도 강조의 효과는 확연히 달라집니다. 예를 들어, “한번 검토해 보겠습니다”, “정식으로 검토하겠습니다”, “책임지고 검토하겠습니다” 이 세 문장에서 느껴지는 무게는 모두 다릅니다. 모두 ‘검토’라는 말을 중심으로 하지만, 앞에 붙는 단어 하나가 말의 강도와 신뢰도를 완전히 바꿔 버립니다.

특히 발표나 보고에서 강조가 필요한 부분에는 평범한 단어 대신 ‘철저히’, ‘본질적인’, ‘정밀한’ 같은 강도 높은 동사나 형용사를 쓰는 것이 효과적입니다. 단어를 조금만 조절해도 말의 인상이 달라지기 때문입니다. 같은 내용이라도 어떤 어휘를 선택하느냐에 따라 화자의 전문성, 진심, 태도가 함께 전달됩니다.

고급스러운 말투, 품격 있는 어휘 사용법

듣기 좋은 말투는 발성이나 억양만으로 완성되지 않습니다. 아무리 명료한 음성으로 말해도, 사용하는 어휘가 투박하거나 가벼우면 좋은 인상을 주기 어렵습니다. 반대로 발성이나 발음이 조금 부족하더라도, 정돈된 어휘와 단정한 문장으로 말하면 오히려 신뢰가 생깁니다. 이처럼, 말의 품격은 어휘에서 시작됩니다.

정제된 언어는 신뢰의 기본값이다

업무 보고나 회의 자리에서 "그거 말해 놨어요"라고 말하는 사람과 "말씀하셨던 마케팅 관련 업무는 2팀 장 대리에게 잘 전달했습니다. 다음 주 초까지 시안이 완성될 것 같다고 합니다"라고 말하는 사람은 분명히 다르게 평가됩니다.

전자는 일상적인 표현에 가깝고, 후자는 표준어 기반의 단정한 비즈니스 언어입니다. 사적인 대화에서는 자연스러움이 장점이 될 수 있지만, 대면 보고, 문서 작성, 실시간 브리핑 등 조직 간 신뢰를 요하는 상황에서는 언어의 격이 곧 나의 신뢰도를 대변하게 됩니다. 특히 리더십을 가진 사람일수록, 팀을 대표하거나 고객과의 접점에 있는 역할일수록 '정제되고 품위 있는 표현'은 더욱 중요성이 높아집니다.

예를 들어 보겠습니다.

"이거 하려 그랬는데요."

→ "해당 업무는 금주 내로 진행할 계획이었습니다."

"제가 좀 정신이 없었어요."

→ "우선순위 판단이 미흡했던 점, 죄송합니다."

"이 정도면 괜찮죠?"

→ "이 안이 실현 가능성이 높다고 판단됩니다."

단정하고 명확한 어휘를 선택하는 것만으로 더욱 신뢰감이 느껴지지 않나요? 품격 있는 어휘는 당신을 믿을 수 있는 사람, 신뢰감 가는 사람으로 만들어 줍니다.

쉬운 말이 가장 똑똑해 보이는 말이다
: '듣는 사람' 중심 어휘로 전환하기

말을 잘하는 사람은 어려운 단어를 줄줄 내뱉는 사람이 아닙니다. 어려운 내용을 듣는 사람이 쉽게 이해할 수 있도록 재구성해서 말할 줄 아는 사람입니다. "해당 처분은 재량권의 일탈·남용 소지가 있으므로, 위법하다 할 것입니다"라는 문장은 얼핏 그럴 듯해 보입니다. 하지만 같은 내용을 "행정청이 잘못된 결정을 했다고 볼 수 있을 것 같습니다. 과도하게 불리하게 적용되었으니, 다투어 볼 수 있겠습니다"라고 바꾸면, 훨씬 명확하고 설득력 있게 다가옵니다. 특히 전문직들은 자기도 모르게 어려운 어휘를 남발하는 경우가 많습니다. 의뢰인들은 '대체 지금 무슨 말을 하는 건가' 싶은 생각이 들 수밖에 없습니다.

실제로 듣는 사람들은 대부분 복잡한 표현보다는 귀에 꽂히는 직관적 언어를 선호합니다. 이해하기 쉬운 말을 사용한다고 품격이 떨어지는 것이 아닙니다. 현재 대화의 목적이 상대방을 설득하거나 이해시키는 데 있다면, 'C 레벨', '인하우스', '채권자취소권', '명의신탁' 등의 어휘를 그대로 내뱉어서는 안 됩니다. 상대가 단번에 알아들으면 두 번 설명하지 않아도 되니 당신에게도 이득입니다.

지나친 비속어, 유행어 사용은 금물이다
: 세대 차이 극복하기

하루가 멀다 하고 새로운 '밈(사람들이 웃기거나 공감되는 이미지, 짧은 영상, 말장난 등을 SNS나 커뮤니티에서 공유하고 퍼뜨리는 콘텐츠)'에서 파생된 유행어가 쏟아지고 있습니다. 또래들 사이에서 너무나도 당연하게 사용되는 표현들이 10살, 20살 많은 사람에게는 외계어처럼 들릴 수 있습니다. 저 또한 상사들과 함께 있는 자리에서 아무 생각 없이 유행어를 사용했다가 진땀을 흘리며 다시 설명한 적이 있습니다. 상대방과의 소통이 중요한 만큼, 특히 면접이나 비즈니스 미팅 시에는 비속어와 유행어 사용을 의식적으로 자제할 필요가 있습니다.

직위와 관계에 맞는 경어를 쓰는 사람은 품격이 있다
: '존중을 보이는 어휘'의 조율력

누구에게 어떻게 말하느냐에 따라 단어 선택이 달라져야 합니다. 같은 말을 하더라도 문장의 높낮이와 분위기를 섬세하게 조절할 수 있어야 합니다. 이 조율이 되지 않으면 상대에게 다소 불편함을 줄 수 있습니다.

"그거 내가 해 놨어요." → "그 일은 제가 처리해 두었습니다."

"어디까지 했어요?" → "진행 상황을 공유받을 수 있을까요?"

"그건 잘 모르겠네요." → "그 부분은 확인 후 다시 말씀드리겠습니다."

타인을 대할 때, 나의 언어가 상대방에게 불편함을 주지 않는지 반드시 점검해 보시기를 바랍니다.

"그런 느낌?", "약간 뭐랄까…", "그냥요", "뭐 어쩌겠어요" 같은 말은 흔히 사용됩니다. 하지만 회의, 제안, 협상 등에서 이런 표현이 나오면 불확실한 사람, 정리가 안 된 사람이라는 인상을 줄 수 있습니다. 말의 품격을 높이기 위해서는 감정적 표현보다는 판단 중심의 표현을 사용하고, 말끝을 흐리기보다는 마무리를 단정히 지어 주는 것이 좋습니다. 특히 '약간', '그냥', '뭐'와 같이 불명확한 표현은 지양하기를 권합니다. 한마디를 하더라도, 이성적인 근거를 붙이고 확실하게 이야기하는 습관이 같이 일하고 싶은 사람인지 여부를 결정짓습니다.

"그냥 제 생각인데요…" → "~라는 이유에서 제 판단은 이렇습니다."

"약간 그런 뉘앙스였어요." → "~라는 점에 비추어, 의도는 ~인 것으로 보입니다."

"기억은 안 나는데요." → "그 부분은 다시 확인해 보겠습니다."

품위는 책임 있게 말하는 습관, 깔끔하게 마무리하는 말끝에서 생깁니다. 혹시나 상황에 맞지 않는 단어나 문장을 사용한 적이 있다면, 이를 더 정중하고 단정한 표현으로 바꿔 봅시다. 조금은 낯설어도 하루에 한 문장씩만 꾸준히 바꿔 본다면, 더욱 신뢰감 있는 사람의 이미지를 획득하게 될 것입니다.

6장

생각을 명료하게 전달하는 구조의 기술

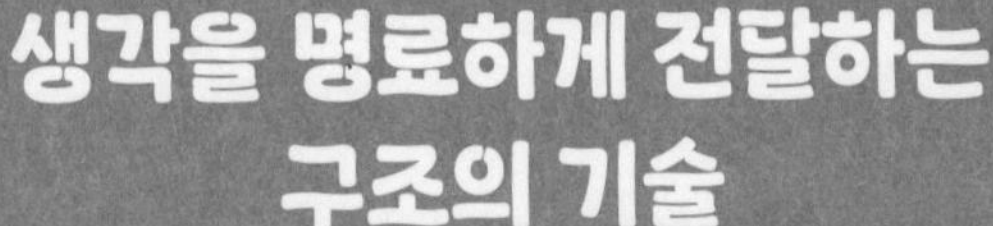

글쓰기와 말하기는 같은 뿌리를 공유한다

"말을 잘 못 하겠어요"라고 말하는 사람에게 '어떤 말을 하고 싶은지' 물어보면, 대부분 망설이거나 "그냥요…"라고 답합니다. 사실은 말을 못 하는 게 아니라, 생각을 정리하는 데 익숙하지 않은 경우가 많습니다. 머릿속에 목차가 명확하게 정리되어 있지 않은 것입니다. 심지어는 무슨 이야기를 하고 싶은지, 즉 '핵심 메시지'가 무엇인지조차 인지하지 못하고 있는 경우도 있습니다.

면접관이나 청중이 주목하는 건 단순히 말의 기교보다는 말하는 사람의 사고력과 논리성입니다. 예를 들어, 같은 질문에 대해 어떤 사람은 논점을 흐리며 말하고, 어떤 사람은 핵심을 짚습니다. 이 차이는 단지 말재주가 아니라 '말을 구성하는 능력'의 차이라 할 것입니다. 생각이 논리적이면, 말이 조금 서툴러도 상대는 당신을 신뢰하게 됩니다. 반대로 말이 청산유수라 하더라도 논리가 비어 있다면 당신의 말은 공허한 울림에 지나지 않게 됩니다.

글과 말은 다르다고 생각하는 사람이 많습니다. 실제로도 차이는 있습니다. 말은 순간적이고, 글은 오래 남습니다. 하지만 둘 사이에는 중요한 연결고리가 있습니다. 바로 '사고의 구조화'라는 것입니다. 글을 잘 쓰는 사람은 머릿속에서 생각을 정리하는 습관이 몸에 배어 있습니다. 그래서 말을 할 때도 대체로 말의 흐름이 논리적이고 명쾌합니다. 반면 글쓰기를 어려워하는 사람은 말도 두서없이 하거나, 언뜻 유창해 보이더라도 요점을 빠뜨리는 경우가 많습니다. 말과 글 모두 '무엇을 왜 전달할 것인가'를 구조화하는 능력에서 출발하기 때문입니다.

정리된 생각은 군더더기 없이 핵심을 말하게 만들고, 이는 곧 짧고 명확한 말과 글로 이어집니다. 반대로, 하고 싶은 이야기를 한 문장으로 정리하지 못하면 사설이 자꾸만 길어집니다. 학창시절, 교장 선생님의 훈화 말씀을 떠올려 봅시다. 중언부언은 물론이고 도대체 무슨 말을 하고 싶은 건지도 모르겠어서, 하품을 참지 못하고 끝나기만을 기다렸던 경험이 있지 않나요?

예를 들어, "이 안건은 다음 회의에서 다시 논의해야 할 것 같

 6장 생각을 명료하게 전달하는 구조의 기술

습니다. 아직 팀 간 조율이 부족하고, 추가 자료도 검토가 필요해서요”라는 문장은 핵심이 분명합니다. 반면, “제가 봤을 땐 아직 좀 더 조율이 돼야 하지 않나 싶은데요, 어… 그 자료도 좀 보고요…”라는 식의 말은 생각이 흐릿하기 때문에 말도 길고 모호하게 전달됩니다.

평소 횡설수설한다는 이야기를 많이 듣거나, 나도 모르게 말이 자꾸 길어진 경험이 있다면, 반드시 전달하고 싶은 ‘핵심 메시지’를 한 문장으로 압축해 보는 연습이 필요합니다. 그리고 최대한 두괄식으로 말 앞머리에 핵심 메시지를 던져 주려고 노력해 봅시다. 말의 주제가 무엇인지, 궁극적으로 말하고 싶은 바가 무엇인지를 반드시 알려 줘야 듣는 상대방이 요점을 정확히 알아들을 수 있습니다. 사고가 명료해지면, 문장은 줄어들고 메시지는 선명해집니다. 그러니, 머릿속에서 반드시 전달해야 할 한 문장을 늘 떠올리며 이야기하는 습관을 들여 봅시다.
말과 글은 모두 생각의 구조에서 시작합니다. 말을 잘하고 싶다면, 글쓰기를 연습해 봅시다. 글을 잘 쓰고 싶다면, 생각을 정리하는 습관부터 들여 봅시다. ‘생각 → 글 → 말’은 이어져 있습니다.

구조가 있는 말은 흔들리지 않는다

뉴스는 언제나 결론부터 시작합니다. 사건을 장황하게 설명하지 않습니다. "오늘 아침 서울 강남에서 화재가 발생해 3명이 부상을 입었습니다"처럼 결과부터 말합니다. 가장 중요한 정보를 제일 먼저 전달하는 것입니다. 이것을 두괄식 구조라고도 합니다.

두괄식 구조는 말을 구조화할 때 가장 기본이 되는 형식입니다. 상대방이 가장 듣고 싶어 하는 정보를 빠르고 신속하게 전달한다는 점에서 특히 업무 보고를 할 때 몹시 유용하게 사용됩니다. "결론부터 말해 주세요"라는 상사의 말은, 바로 이 구조를 요구하는 신호이기도 합니다.

상사든, 클라이언트든, 누군가에게 무엇인가를 보고해야 하는

   6장 생각을 명료하게 전달하는 구조의 기술

상황에 놓여 있다면, 결론부터 한 문장으로 명확하게 전달한 이후에 설명을 이어 나가 봅시다. 훨씬 더 명확하게 핵심을 전달할 수 있을 것입니다.

아나운서 교육을 받을 때, 가장 많이 연습했던 것은 바로 30초 스피치였습니다. 생방송 중간에 갑자기 속보를 전달해야 할 때가 있는데, 길어야 두 줄 남짓한 메모를 보고 정확하게 내용을 전달해야 했습니다. 변호사로 일을 하면서도 갑자기 30초 정도의 스피치(파트너에게 보고, 의뢰인과의 통화 등)를 할 일이 많습니다.

아마 여러분도 마찬가지일 것이라 생각합니다. 갑자기 보고를 해야 해서 당혹스러웠거나, 곧 당혹스러워질 여러분을 위해, 유용하게 사용할 수 있는 말의 구조를 알려 드리고자 합니다.

① '왜 - 뭐 - 끝' 구조: 30초 안에 핵심만 전달하기

1) 왜: 지금 이 말을 왜 하게 되었는가

말문을 여는 이유를 짧게 밝히는 단계입니다. "저번에 맡겨 주신 공모전 프로젝트에 관해서 말씀드리려고 합니다"처럼, 상대가 들을 준비를 하게 만드는 말로 말문을 열어 주면 좋습니다.

2) 뭐: 이 말에서 가장 중요한 핵심은 무엇인가

전달하려는 메시지의 핵심입니다. 한두 문장으로 요약 가능한 내용이면 충분합니다. "공모전에 현재 100명이 접수했는데, 부장님께서 이번 주 금요일 내로 수상 후보작 10개를 정해 주셔야 합니다."

3) 끝: 말을 어떻게 마무리할 것인가

마지막 인사나 요점 강조를 하며 정리하면 됩니다. "그럼 이번 주 금요일까지 말씀해 주시면 감사하겠습니다."

'왜-뭐-끝'은 단순하지만 강력한 구조입니다. 중심 없이 길게 말하는 사람보다, 핵심을 바로 이야기해 주는 사람이 함께 일하기 더 편합니다. 짧게 말해야 할 때일수록, 말의 뼈대를 먼저 세워야 합니다. 위 구조를 몸에 익히는 순간, 어떤 상황에서도 당황하지 않고 조리 있게 이야기할 수 있을 것입니다.

② '주 - 근 - 사' 구조: 논리적 말하기의 기본

단순 보고보다 더욱 논리적으로 말해야 하는 업무 상황이라면, 다음과 같은 '주-근-사' 구조를 익혀 두면 좋습니다.

1) 주장(Claim): 내가 전달하고자 하는 핵심 메시지

2) 근거(Grounds): 그 주장을 뒷받침하는 이유나 판단 기준

3) 사례(Example): 근거를 구체화하여 이해를 돕는 실제 예시

예를 들어, "이번 기획안은 채택해야 합니다(주장). 시장 반응과 경쟁사 동향을 종합해 보면, 지금이 적기이기 때문입니다(근거). 실제로 A사도 유사한 서비스를 출시해 3개월 만에 이용자 2만 명을 확보했습니다(사례)"처럼 말의 흐름을 구조화하면, 효과적으로 상대방을 설득할 수 있고, 논리적인 사람이라는 인상을 줄 수 있습니다.

스스로 말을 잘 못한다고 생각하는 사람은 말을 해야 할 상황이 다가오면 어떻게든 줄글로 대본을 작성하려고 노력합니다. 그러나 순발력이 필요한 상황에서는 그 줄글을 다 외우기가 쉽지 않을뿐더러, 대본을 몰래 보려 하더라도 대체 어느 부분인지 찾기가 힘들어 버퍼링이 걸리기 일쑤입니다.

자, 지금부터 줄글은 버립시다. 뼈대를 따라 키워드만 작성해서, 그 키워드를 설명하는 방식으로 말하는 것이 훨씬 좋습니다. 토씨 하나 틀리지 않고 말해야 한다는 강박을 자연스럽게 버릴 수 있고, 잠시 헤매더라도 핵심 키워드를 살짝 보고 전달해야 할 내용의 핵심은 명확히 전달할 수 있기 때문입니다. 저 또한 로스

쿨 입학 면접을 위해 '핵심 키워드'만을 메모해 말로 풀어내는 연습을 꾸준히 해 왔고, 지금도 업무 보고나 상담, 강의 등에서 자주 사용하고 있습니다. 순발력을 높이는 데는 이만한 방법이 없으니, 꾸준히 연습해 봅시다.

1단계, 말할 내용을 키워드로 메모합니다. 전체 문장을 완성하려 애쓰기보다, 머릿속에 있는 생각을 조각조각 꺼내 단어로 적어 봅니다.

2단계, 그 키워드를 '주장-근거-사례' 형식으로 정렬합니다. 이 세 줄만으로도 말의 뼈대가 잡힙니다.

3단계, 정리한 키워드를 보며 '설명하는 연습'을 해 봅니다.

이 연습을 반복하면, 즉흥적인 상황에서도 중심을 잃지 않고 논리적으로 말할 수 있습니다. 예를 들어 "당신이 생각하는 좋은 팀워크란?"이라는 질문을 받았을 때, '공동목표', '시너지', '저희 팀'이라는 키워드를 뽑은 다음, 이 키워드만 보고 설명하는 연습을 해 보는 겁니다.

"팀워크란 구성원이 서로 존중하며 공동의 목표를 향해 움직이는 것이라 생각합니다(주장). 서로의 강점을 인정하고 의견을 나눌 때 팀의 시너지가 커지기 때문입니다(근거). 저희 팀은 주 단

　6장 생각을 명료하게 전달하는 구조의 기술

위로 피드백을 하고 있는데, 효과가 좋습니다(사례)."

핵심 키워드 중심으로 말의 뼈대를 먼저 구성하면, 말은 자연스럽게 생각의 흐름을 따라 흘러갑니다. 위 줄글을 토씨 하나 틀리지 않고 다 외우는 것은 어렵겠지만, '주-근-사' 구조와 키워드를 합한다면 누구보다 논리적으로 이야기할 수 있습니다. 완벽한 문장을 말하는 것이 아니라, 생각의 중심을 놓치지 않는 말하기, 그것이 진짜 실력입니다. 처음에는 어색할 수 있지만, 익숙해지면 키워드만으로 논리적이고 편안하게 설명하고 있는 자신을 발견하게 될 것입니다.

횡설수설 말하는 사람을 위한 팁

머릿속에 생각이 너무 많거나 우선순위가 정리되지 않으면, 말은 산만하게 흐를 수밖에 없습니다. 생각이 너무 많은 사람은 대체로 횡설수설합니다. 특히 여러 사안을 동시에 떠올릴수록, 말은 자꾸만 겉돌게 됩니다. 말의 명확성은 생각의 정리도, 압축도, 방향성도 모두 갖춘 상태에서 만들어집니다.

"일단 말해 보자"는 태도를 가진 사람을 한번 떠올려 봅시다. 말을 뭔가 유창하게 하는 것 같기는 한데 도대체 무슨 말을 하고 싶은 것인지는 모르겠습니다. 사고가 정리되지 않은 채 말에 의존하는 습관은 결국 듣는 사람을 피곤하게 만듭니다.

이런 식의 접근은 브레인스토밍 단계에서, 또는 정말 짧은 의견 제시가 필요한 상황에서는 도움이 될 수 있습니다. 그러나, 말이 길어지는 순간 내용은 점점 산으로 가게 됩니다. 때문에, 3문장 이상 말을 해야 한다면 명확한 구조와 요약이 필수입니다.

다음의 도구들은 즉흥적인 상황에서 말이 막히지 않도록 도와주는 '이정표'입니다. 말을 하다 잠깐 막히더라도, 곧바로 구조로 돌아가 다음 말을 이어 가면 됩니다.

① 3단 키워드 프레임

말하기 전에 핵심 키워드 3개만 적어 보는 것입니다. 예를 들어 "핵심은 A, 추진력은 B, 리스크는 C입니다"처럼 정리하면, 그 자체로 말의 뼈대가 완성됩니다. 특히 회의나 인터뷰처럼 짧고 명확한 응답이 요구되는 상황에서 유용합니다.

② '결 – 이 – 방' 구조

결론 → 이유 → 방법의 순서로 정리하는 구조입니다. "저는 이 안에 반대합니다. 이유는 예산 대비 효과가 작기 때문이며, 대안으로는 A사와의 협업을 제안하고 싶습니다"처럼 말하면, 상대방은 논리의 흐름을 따라가기 쉬워집니다.

앞서 소개한 '주-근-사' 구조가 설명하는 데 효과적이라면, '결-

이-방' 구조는 의사결정이 필요한 경우에 특히 효과적입니다. 저는 "무죄 주장을 하는 것이 좋겠습니다. 범죄를 입증할 만한 증거가 부족하고, 명확한 알리바이가 존재합니다. 괜찮으시다면, 무죄 방향으로 변호인 의견서를 작성하도록 하겠습니다"라는 식으로 결-이-방 구조를 자주 활용합니다.

만약 상사가 어떤 결정을 내릴지 고민하고 있다면, 이 구조를 사용한 말하기로 의사결정에 도움을 줄 수 있습니다.

③ '주 – 근 – 사 – 재' 구조

'주-근-사' 구조에서, '재강조'를 포함해 의견을 명확히 피력하는 방식입니다. 예를 들어 "이 안건은 반려되어야 합니다. 왜냐하면 비용 대비 효율이 낮기 때문입니다. 실제로 지난 분기 유사한 안건이 현실성이 없어 실행되지 못했습니다. 그래서 이 안건은 재검토가 필요합니다"처럼 구성합니다. 말의 기승전결을 자연스럽게 만드는 틀로, 특히 누군가를 설득해야 할 때 유용하게 사용됩니다.

프레젠테이션이나 보고서를 준비하는 등 더 복잡한 사안에서는 시작 단계에서부터 머릿속 생각이 자꾸만 엉킵니다. 대체 손을 어디서부터 대야 할지 엄두도 안 날 때, 유용한 전략이 바로

   6장 생각을 명료하게 전달하는 구조의 기술

'시각화'입니다. 말하고자 하는 생각을 종이 위에 꺼내 보는 것입니다. 이때 대표적으로 사용되는 도구가 마인드맵과 만다라트입니다.

① 마인드맵: 생각의 가지를 펼치는 설계도

마인드맵은 하나의 중심 주제를 가운데에 두고, 그 주제에서 파생되는 관련 항목들을 가지처럼 확장해 나가는 방식입니다. 예를 들어 '신제품 출시'를 발표 주제로 잡았다면, 중심에는 '출시안'을 두고, 바깥으로 △시장조사 △타깃 고객 △리스크 △일정 △협업 부서 등의 가지를 펼치고, 그 아래에는 각각의 세부 키워드를 붙입니다.

이 구조는 한 페이지 안에 전체 흐름을 시각적으로 잡아 주기 때문에, 발표나 보고서 작성 전에 전체 설계도를 그리는 데 효과적입니다. 말이 흐트러질 때도 어떤 가지에서 끊겼는지 시각적으로 확인하고 다시 흐름을 회복할 수 있습니다.

② 만다라트: 균형 잡힌 말 구조를 만드는 9칸 정리법

말할 내용을 정리하려고 마인드맵을 펼쳤지만, 가지가 산만하게 늘어나기만 한다면? 그럴 땐 사고를 균형 있게 정돈할 수 있는 9칸 프레임, 만다라트(Mandal-Art)를 써 봅시다. 만다라트는 하

나의 주제를 중심에 두고, 관련된 관점이나 요소를 8개의 칸에 나눠 적는 방식입니다. 오타니 쇼헤이가 사용해 대중화된 방법인데, 발표의 대목차 및 소목차를 정리하는 데 매우 효과적입니다.

1) A4용지에 3×3 격자를 그립니다.

2) 중앙 칸에 주제를 적습니다. (예: "좋은 리더란?")

3) 나머지 8칸에 관련 키워드를 채웁니다. (예: '소통', '신뢰', '결정력', '공감', '경청', '비전 제시', '공정함', '책임감')

4) 각 키워드를 바탕으로 주장-근거-사례 구조를 만들면, 8개의 짧은 말하기가 완성됩니다.

예:

회의 전: "이 기획안을 왜 밀어야 하나?" → 중심에 기획안, 주변에 타당성·예산·시장 반응 등

면접 준비: "왜 우리 회사인가요?" → 중심에 지원 동기, 주변에 경험·비전·가치관 등

보고 구성: "이번 분기 주요 이슈는?" → 중심에 분기명, 주변에 매출, 조직, 고객, 리스크 등

생각이 많을수록 구조는 단순해야 합니다. 마인드맵과 만다라

트는 아주 단순한 구조로 말의 균형을 잡아 주는 도구입니다. 한 장의 종이만 있으면 어디서든 생각을 꺼내고, 구조를 세울 수 있습니다. 적합한 도구를 이용해 머릿속을 서랍처럼 정리해 보시기 바랍니다.

말을 잘 정리하는 뇌를 만드는 연습법

사고를 구조화하는 뇌는 타고나는 것이 아니라 훈련으로 만들어집니다. 특히 즉흥적으로 말해야 하는 순간, 단단한 사고 회로가 작동하는지가 말의 질을 결정합니다. 자동으로 말을 잘 정리할 수 있도록 도와주는 세 가지 루틴을 알려 드리겠습니다.

먼저, 매일 뉴스 창에 가장 먼저 뜨는 논란에 대하여 찬성/반대 중 하나의 입장을 골라 '주-근-사-재' 구조를 적용해 3문장으로 이야기하는 훈련을 해 보세요.

다음으로, 뉴스나 칼럼을 읽은 뒤 사건 자체를 3문장으로 요약하는 훈련을 추천드립니다. 정보 정리를 연습할 수 있어, 단순하고 명료하게 이야기하게 됩니다.

마지막으로, 마인드맵과 만다라트를 그린 다음, 가지를 따라 설명해 보는 연습을 반드시 해 보시길 바랍니다. 키워드 단위로 가지를 정리하고, 각 항목을 말로 풀어내는 연습을 반복하다 보면 사고와 발화가 자연스럽게 연결됩니다.

이 세 가지 루틴은 '정리하는 뇌'를 만드는 가장 실용적인 방식입니다. 어떠한 상황에서도 명료한 구조를 가지고 이야기할 수 있도록, 꾸준히 연습하여 체득해 보시기를 바랍니다. 당신의 말이 확실히 달라지는 것을 경험하실 수 있을 겁니다.

논리 구조를 훈련하는 가장 좋은 방법, 글쓰기

글쓰기는 생각을 명확하게 정리하는 가장 효과적인 훈련입니다. 특히 글을 쓴다는 것은 머릿속의 복잡한 사고를 언어의 순서에 맞게 배열하는 일입니다. 문장을 쓰기 위해서는 주어와 목적어, 논리의 흐름, 문맥을 고려하는 연습이 필요하며 이러한 능력은 곧 말하기에도 그대로 반영됩니다. 매일 짧게라도 글을 쓰는 습관은 회의에서 발언할 때 자연스러운 문장 구조로 말할 수 있도록 도와줍니다.

특히 똑같이 키워드 위주로 설명하더라도, 평소 글쓰기를 통해 논리력을 키워 놓은 사람의 설명과 그렇지 않은 사람의 설명은 문장의 유려함과 흐름에 있어서 큰 차이가 있을 수밖에 없습니다. 말하기 실력을 디테일까지 놓치지 않고 더 키워 보고 싶다면, 말하기만 연습할 것이 아니라 글쓰기 연습까지 병행하는 것을 추천합니다.

글을 쓸 때, 한 문단에 두세 가지 이야기가 섞이면 핵심이 흐려집니다. 글쓰기에서는 한 문단에 하나의 주제, 하나의 메시지를 넣는 훈련을 반복하게 됩니다. 이는 곧 한 번에 한 가지 메시지를 명확히 전달하는 말하기 훈련과도 같습니다. 글에서 단문을 구성하는 힘은 회의에서 간결하게 말하는 힘으로 이어지고, 발표에서 핵심을 놓치지 않는 구조로 작동합니다.

"이번 분기 매출이 큰 폭으로 감소했습니다. 노이즈 마케팅 때문입니다. 다음 달부터는 새로운 마케팅 방식을 도입하는 바, 개선이 예상됩니다."

위의 예시처럼 짧고 명확한 단문은 말하는 사람에게는 자신감을, 듣는 사람에게는 집중력을 제공합니다.

또, 글을 쓰면 말을 할 때는 미처 인지하지 못했던 자신의 언어 습관이 그대로 드러납니다. 불필요하게 반복하는 말, 무의식적으로 사용하는 모호한 표현, 반복되는 문장 구조 등은 곧 말하기에서도 발견됩니다. "뭔가요?", "그런 부분에서…", "이거는…"처럼

 6장 생각을 명료하게 전달하는 구조의 기술

구어체의 흔적은 글을 쓰는 과정에서 자연스럽게 드러납니다.

쓸데없는 말을 자꾸 남발하는 습관, 단정하지 못한 날것의 표현, 군더더기가 많은 말버릇을 가진 사람이라면 스스로가 쓴 글을 읽을 때 비로소 자신이 사용하는 어휘를 적나라하게 인지하게 될 것입니다. 글쓰기와 말하기는 서로를 비추는 거울입니다. 특히 직접 쓴 글을 여러 번 읽다 보면, 평소에 가지고 있는 문제점이 반복적으로 눈에 들어오게 됩니다. 문제점을 인식하게 되면, 말하기도 자연스럽게 깔끔하고 유려해질 것입니다.

글쓰기의 핵심은 '쓰기'보다 '고치기'에 있습니다. 초안은 누구나 쓸 수 있습니다. 그러나 다듬고, 줄이고, 더 나은 표현을 고르는 능력은 반복된 퇴고를 통해 길러집니다. 이 습관은 회의 발언이나 실무 대화에서도 드러납니다. 퇴고에 익숙한 사람은 말을 하면서도 동시에 정리하고, 불필요한 표현을 피하며, 말실수를 빠르게 교정합니다.

특히 중요한 발표나 협상 자리에서 실시간으로 언어를 정리할 수 있는 능력은 큰 장점이 됩니다. 이는 글쓰기에서 얻는 대표적인 효과입니다.

생각은 정리함으로써 제대로 된 힘을 발휘할 수 있게 됩니다.

그리고 그 정리의 기본은 '쓰기'입니다. 글쓰기를 통해 생각을 구조화하고, 그 구조를 토대로 말하는 훈련이 반복되면, 사고-언어-표현의 흐름이 하나의 루틴으로 자리를 잡습니다.

저는 이를 '사고 순환법'이라 부릅니다. 앞서 제시한 구조화 방법의 틀 중, 가장 편하게 사용할 수 있는 구조를 선택합니다. 그런 다음 ① 생각을 메모하고 → ② 글로써 정리한 뒤, → ③ 정리한 문장에서 키워드를 추출해 다시 한번 말로 표현해 봅니다.

이 선순환이 반복되면, 말하기 전 머뭇거리는 시간이 줄고, 생각이 정리된 언어가 입 밖으로 자연스럽게 나오게 됩니다. 생각하기-쓰기-말하기를 하나의 세트로 묶을 때, 말하기 실력을 진정으로 향상시킬 수 있습니다.

   6장 생각을 명료하게 전달하는 구조의 기술

전달을 넘어 몰입을 이끌어 내는 말하기

설득의 3요소

정말 말을 잘하는 사람은 듣는 사람의 마음을 움직입니다. 김미경 강사, 김창옥 강사의 강의를 보면 알 수 있습니다. 알찬 정보도 물론 중요하지만, 같은 메시지라도 누가, 어떻게 말하냐에 따라 설득력이 달라집니다. '포기하지 말고, 열심히 살아라'라는 말도, 동네 아저씨가 하면 꼰대 같지만, 정승제 같은 선생님들이 하면 인생 철학이 되기도 하니까요.

고대 그리스 철학자 아리스토텔레스는 설득의 3가지 요소로 로고스(logos), 파토스(pathos), 에토스(ethos)를 말했습니다. 로고스는 논리, 파토스는 감정, 에토스는 도덕성·전문성·신뢰성처럼 화자의 고유한 캐릭터적인 특징을 의미합니다. 이 셋이 균형 있게 담긴 말일수록 사람들은 더욱 더 잘 설득되는 것입니다.

로고스, 논리는 설득의 뼈대입니다. 수치나 데이터, 명확한 구조가 있으면 말에 힘이 실립니다. 하지만 논리만으로 상대방을 완전히 매료시키기는 어렵습니다. 때문에, 같은 수치라도 더 와닿을 수 있는 표현이 중요한 것입니다.

예를 들어, "이 로션의 시장 점유율은 38%입니다"라고 말하는 것과, "대한민국 국민 10명 중 4명이 이 로션을 사용하고 있습니다. '국민 로션'이라고도 불립니다"라고 말하는 것 사이에는 큰 차이가 있습니다.

전자는 로고스만 있는 말이고, 후자는 로고스에 감성을 자극하는 파토스까지 함께 덧붙인 말입니다. 대부분 후자의 표현을 들었을 때 더 쉽게 지갑을 엽니다. 이처럼, 같은 수치라도 사람들의 감성을 자극할 수 있도록 표현을 다듬는 것이 중요합니다.

우리가 어떤 말에 집중하고, 공감하게 되는 이유는 감정, 파토스 때문입니다. 감정이 실린 말은 더 오래 남습니다. 스탠퍼드 대학의 연구에 따르면, 사람들은 단순 정보 전달보다 이야기가 있을 때 7배 더 기억을 잘한다고 합니다. 즉, 같은 내용을 전달하더라도 감정을 자극할 수 있는 스토리를 끼워 넣으면 청중이 훨씬 더 잘 기억하게 된다는 것입니다. 때문에, 적재적소에 울림이 있는 이야기를 배치하는 것이 중요합니다. 유니세프와 같은 후원 단체들이 매번 '굶고 있거나, 병든 아이들'의 이야기를 내세우는 이유도 파토스를 건드리기 위함이라 할 것입니다.

그러나 아무리 감정을 잘 담아 말해도 말하는 사람에 대한 신뢰가 없다면 설득은 어렵습니다. 예를 들어, 평소 진정성 있게 말하던 동료가 "이번 일만큼은 꼭 함께 해 줬으면 해요"라고 말하면 쉽게 마음이 움직일 겁니다. 하지만 늘 과장하거나 책임을 회피하던 사람이 똑같이 말하면 오히려 반감이 듭니다. 결국 말의 설득력은 그 사람의 태도, 말투, 평소의 신뢰감, 즉 에토스에도 크나큰 영향을 받습니다.

로고스만 있으면 건조하고, 파토스만 있으면 감정에만 호소하게 되고, 에토스만 믿고 말하면 자랑처럼 들릴 수 있습니다. 그래서 중요한 건 이 셋의 균형입니다. 논리로 말의 중심을 잡고, 감정으로 몰입을 만들고, 신뢰로 설득의 문을 열어야 합니다. 정확한 수치와 진정성, 화자에 대한 신뢰도가 더해질 때 비로소 말의 신뢰도가 높아지는 것입니다.

예를 들어 어떤 프로젝트를 발표한다고 해 봅시다. 먼저 로고스로 문제를 설명해 줍니다. "현재 고객 이탈률이 15% 증가했습니다." 다음엔 파토스로 그 문제의 심각성을 청자가 함께 느낄 수 있게 해 줍니다. "지금 회사가 심각한 위기 상황에 처해 있습니다." 그리고 마지막엔 에토스로 이 문제를 설명해 줄 수 있는 캐릭터를 소개하거나, 내세웁니다. "그래서 OO기업의 CFO를 맡아 고객 만족도를 200% 증가시켰던 새로운 인사를 모시고자 합니다."

어떤가요? 이 순서를 몸에 익히면, 당신의 말이 갖는 호소력과 설득력이 분명히 더욱 커질 것입니다.

비언어적 신호로 타이밍을 읽는 기술

말은 '언어'로만 이루어지지 않습니다. 회사 안에서 오가는 대화의 절반 이상은 '말하지 않은 것'에서 결정됩니다. 말의 내용뿐 아니라, 말하기 직전의 표정, 자세, 시선, 손의 움직임 같은 비언어적 신호를 잘 읽어야, 적시에 원하는 바를 얻어 낼 수 있습니다. 때문에, 말을 꺼내기 전에 그 사람이 지금 어떤 상태인지를 읽을 수 있어야 합니다. 바로 그 신호들이 '언제 말하는 것이 가장 효율적인지'를 알려 주기 때문입니다.

① 상대가 집중 상태인지 신속하게 판단한다
눈이 또렷하게 열려 있고, 상체가 약간 앞쪽으로 기울어져 있

으며, 펜을 들고 메모하는 자세라면 지금이 바로 적기입니다. 반대로 눈을 자주 깜빡이거나, 팔짱을 끼고 몸이 뒤로 젖혀져 있다면 몰입도가 낮은 상태입니다. 이때는 최대한 지루해질 수 있는 내용을 모두 빼고, 바로 핵심 메시지로 들어가야 합니다.

② 표정과 손의 움직임으로 불편 신호를 감지한다

눈썹을 찌푸리거나 손을 턱에 대는 동작, 다리를 자주 바꾸는 자세는 불편하거나 판단 중이라는 뜻입니다. 이럴 때는 말을 잠시 멈추고 "이 부분이 조금 우려되실 수 있으리라 생각합니다"처럼 일보 후퇴를 해 주어야 합니다. 상대가 불편함을 드러낼 때에는 단도직입적인 어조로 밀어붙이기보다는, 어떤 부분에서 문제를 느끼고 있는지를 살살 구슬려 알아내는 것이 우선입니다.

③ 불안 신호를 보면 메시지를 전환한다

다리를 떨거나 반복적으로 시계를 보는 동작은 심리적으로 자리를 벗어나고 싶다는 신호입니다. 이럴 때는 설명을 압축해 핵심만 전달하거나, 다음 단계로 자연스럽게 안내하는 말로 바꾸는 것이 좋습니다. 예를 들어 "정리하면, 이번 제안의 핵심은 비용 절감과 일정 단축입니다. 그다음 단계로 넘어가 보겠습니다"처럼 짧고 부드럽게 흐름을 바꾸면, 분위기를 거스르지 않고 다시 집중력을 끌어올릴 수 있습니다.

④ 신뢰를 만드는 비언어적 표현을 체화한다

말의 내용이 아무리 좋아도, 표정이 굳어 있거나 손동작이 불필요하게 크면 신뢰는 쉽게 무너집니다. '메라비언의 법칙'은 1971년 앨버트 메라비언 교수가 발표한 커뮤니케이션 이론으로, 감정이나 태도를 전달할 때 말의 내용, 목소리 톤, 표정 등 비언어적인 표현이 호감도에 미치는 비율을 제시한 것입니다. 말의 내용보다 목소리 톤과 표정 같은 비언어적 표현이 미치는 영향이 93%라는 압도적인 비율을 차지한다는 것이 연구의 핵심입니다. 따라서 비즈니스 파트너에게 신뢰감을 주고 싶다면, 나의 비언어적인 습관부터 확인해 볼 필요가 있습니다.

비언어적 습관 체크리스트

몇 개의 항목에 '예'라고 답할 수 있는지 체크해 보세요.

1. 상대방과 대화할 때, 내 표정이 자연스럽게 미소를 유지하고 있는가?

2. 이야기를 듣는 동안, 고개를 끄덕이거나 시선을 맞추는 등 적극적인 경청 신호를 보내는가?

3. 손동작은 필요할 때만 사용하며, 과도하거나 산만하게 움직이지 않는가?

4. 목소리 톤이 지나치게 높거나 낮지 않고, 안정감 있게 유지되는가?

5. 중요한 말을 할 때, 말끝을 흐리지 않고 또렷하게 전달하는가?

6. 긴장했을 때 몸을 꼬거나 다리를 떨지 않고, 차분한 자세를 유지하는가?

7. 상대방이 말할 때 팔짱을 끼거나 고개를 돌리는 등 거부 신호를 보내지 않는가?

8. 웃음이나 농담이 상황에 맞게 적절히 사용되고 진지함을 해치지 않는가?

9. 발표나 회의 시, 한쪽만 보지 않고 시선을 청중 전체에 균형 있게 맞추는가?

10. 예상치 못한 질문이나 상황에서도 표정이 크게 굳지 않고 여유를 보이는가?

7장 전달을 넘어 몰입을 이끌어 내는 말하기

• **결과**

8개 이상: 신뢰감을 주는 비언어적 습관이 자리 잡혀 있습니다.

5개 ~ 7개: 기본은 되어 있으나 상황에 따라 흔들릴 수 있습니다. 부족한 항목을 집중적으로 개선하기 바랍니다.

4개 이하: 말의 내용이 아무리 좋아도 신뢰 전달이 어려울 정도의 비언어적 습관을 가지고 있습니다. 비언어적 습관 훈련이 반드시 필요합니다.

비언어적 표현을 구성하는 요소들에는 여러 가지가 있습니다. 먼저, 표정입니다. 긴장하면 입술이 굳거나 미간이 찌푸려집니다. 다소 긴장되더라도, 메시지를 전할 때는 최대한 입꼬리를 살짝 올려 웃는 느낌의 표정을 유지하는 것이 좋습니다. 굳은 표정이 고정값인 경우에는, 특히 업무 상황에서 상대방에게 의도치 않은 오해를 유발할 수 있습니다.

다음은 시선입니다. 한 사람만 오래 바라보면 압박감이 생깁니다. 발표 중에는 3~5초 간격으로 시선을 다른 청중에게 옮겨 가는 것이 좋습니다. 반대로 1 대 1 대화인 경우에는 최대한 눈을 마주치려고 노력하는 것이 좋습니다. 단, 쏘아보는 듯한 느낌이 아니라 친절하게 바라보며 '당신의 말에 공감하고 있어요'라는 상냥한 분위기를 풍기는 것이 중요합니다. 1 대 1 대화에서 눈을 피하거나, 눈동자를 과도하게 굴리는 경우에는 신뢰할 수 없는 사람 같다는 느낌을 주므로 주의해야 합니다.

세 번째로 자세입니다. 굽은 자세는 자신감 없는 사람으로 보이게 합니다. 가슴을 열고 어깨를 펴는 바른 자세를 유지하는 것이 자신감 있는 사람이라는 인상을 줍니다. 또한, 짝다리를 짚거나, 다리를 꼬거나, 팔짱을 끼는 경우에는 무의식적으로 방어적 신호가 전달되어 부정적인 인상을 줄 수 있습니다.

마지막은 호흡입니다. 긴 문장을 말하기 전에는 숨을 가볍게 들이마셔 안정된 톤을 유지합니다. 숨이 가빠지면 목소리가 떨리고 떨리는 목소리는 신뢰도를 떨어드립니다.

이처럼 표정, 시선, 손동작, 자세, 호흡을 정돈하다 보면, 비즈니스 현장에서 상대방에게 더욱 신뢰감 있는 사람으로 비추어질 수 있을 것입니다.

   7장 전달을 넘어 몰입을 이끌어 내는 말하기

몰입을 만드는 강조의 기술

아무리 많은 내용을 말해도 청중의 머릿속에 남는 건 단 한 문장인 경우가 많습니다. 그 한 문장을 어떻게 남겨야 할까요? 바로 '강조'가 답입니다. 지금부터는 리듬, 반복, 구조, 이미지, 속도 등을 활용해 듣는 사람의 뇌에 단 한 문장을 제대로 각인시킬 수 있는 방법을 소개합니다.

① 반복은 기억을 만든다

중요한 말은 반복해야 합니다. 스피치의 중간중간에 여러 번 언급해 주는 것이 좋습니다. 계속 같은 문장을 반복하기는 지루하다면, '패러프레이징'을 통해 약간의 변화를 주면 됩니다. 비슷한 단어를 돌아가며 사용하는 것도 좋고, 문장의 구조를 바꿔 보는 것도 좋습니다. 중요한 건, 내가 반드시 전달하고 싶은 '한 문장'을 반복해서 언급하는 것입니다.

② 앞머리와 말미를 활용한다

중요한 말은 문장 중간보다 문장 앞 또는 끝에 배치하는 것이 좋습니다. 이때 '신호어'를 사용하면 집중도가 높아집니다. 신호어는 이제 곧 중요한 말이 나온다는 것을 알려 주는 언어를 의미합니다.

예

"지금부터 핵심만 말씀드리겠습니다."
"이 문장이 오늘 발표의 요약입니다."
"이건 정말 중요한데요."
"이 다음 문장을 꼭 기억해 주세요."
"핵심은 이겁니다."

③ 대조 구조로 차이를 부각시킨다

청중은 '차이'에 주목합니다. A와 B의 대비를 보여 주는 구조는 메시지를 더 강렬하게 만듭니다.

"실패한 사람들은 A라고 말합니다. 그러나 성공한 사람들은 B라고 말합니다."

"안 되는 이유만을 찾으며 절망하는 사람과, 어떻게든 되게 만드는 사람 간의 차이입니다."

④ 이미지와 비유로 뇌에 그림을 그린다

사람의 뇌는 개념보다 장면을 오래 기억합니다. 숫자와 원론적 표현보다 비유와 시각적 언어를 사용하는 것이 좋습니다.

예:

"이번 프로젝트는 외줄 타기였습니다. 한발만 삐끗했어도 전체가 무너졌을 겁니다."

"지금 우리 팀은 폭풍 앞의 등대처럼, 혼란 속에서도 나아갈 방향을 비추고 있습니다."

"이 보고서는 GPS입니다. 어디로 가야 할지 알려 주는 지도 같은 역할입니다."

⑤ 속도와 강약으로 리듬을 조절한다

강조하고 싶은 문장 앞에서는 속도를 낮추고, 음성을 낮게 깔

아 줍니다. 잠깐의 정적과 강세 변화가 듣는 사람의 몰입을 유도
합니다.

"이건… 정말… 중요한… 이야기입니다."

"다시 한 번 말씀드립니다. 반드시, 이번 주 안에 결정하셔야
합니다."

"여기서 멈추겠습니다. 왜냐하면… 이 수치는 평소보다 2배 높
기 때문입니다."

⑥ 강조의 '타이밍'을 설계한다

강조는 '언제 하느냐'가 가장 중요합니다. 다음과 같은 순간을
강조 타이밍으로 잡는 것이 효과적입니다.

슬라이드를 넘긴 직후

전체 발표 중 1/3 지점에서의 포인트 문장

클로징 직전에 던지는 한 문장

청중이 고개를 끄덕이며 집중하기 시작한 순간

"자, 지금 이 슬라이드가 오늘 발표의 핵심입니다."
"이제 마무리하기 전에, 단 한 문장만 남기고 싶습니다."

듣는 사람의 몰입을 이끌어 내는 말에는 반드시 구조와 리듬이 있습니다. 기억에 남는 말은 우연히 나오지 않습니다. 설계된 강조가, 사람들이 당신의 말을 기억하도록 도와줄 것입니다.

주의를 붙잡는 오프닝, 여운을 남기는 클로징

스피치를 할 때, 청중들의 집중도가 가장 높은 때는 바로 시작과 끝입니다. 첫 30초가 주목도를 결정하고, 마지막 30초가 오래가는 여운을 만듭니다. 오프닝과 클로징은 가장 높은 몰입을 만드는 골든타임인 만큼, 전략적인 설계가 필요합니다.

오프닝: 첫 30초에 주목도를 결정짓는 전략

오프닝의 핵심은 '기대감 자극'입니다. 드라마 막바지에 왜 다음 화 예고편을 보여 줄까요? 바로 기대감을 불러일으키기 위함입

   7장 전달을 넘어 몰입을 이끌어 내는 말하기

니다. 대부분의 유튜브 채널에서 오프닝에 '짧은 예고편'을 삽입하는 것도 마찬가지입니다. 정보를 단순히 나열하며 시작하기보다는 질문을 던지거나, 이야기로 시작하는 오프닝이 좋습니다. 기대감을 자극하는 오프닝은 청중의 인지적 에너지를 끌어당기기 때문입니다.

예:

"여러분, 한 달 동안 고객이 단 한 명도 이탈하지 않은 팀이 어디였는지 아시나요?"

"시작하기 전에, 제가 실제로 겪은 짧은 이야기 하나 들려드리겠습니다."

스토리텔링은 오프닝에서 사용할 수 있는 또 하나의 무기입니다. 의외의 숫자, 반전 있는 경험, 실수담 같은 이야기는 듣는 사람들과 말하는 사람이 감정적으로 연결되도록 만들고, 몰입을 유도합니다. 〈유 퀴즈 온 더 블록〉 같은 인터뷰 프로그램에서, 가장 자극적인 이야기를 맨 앞에 배치하는 것이 대표적입니다.

예:

"3년 전, 저는 한 장의 엑셀 파일 때문에 팀 전체를 곤경에 빠뜨렸습니다.”

“제 인생이 나락으로 떨어졌던 적이 있습니다.”

또한, 강력한 인지 자극 장치를 잘 활용하는 것이 좋습니다. 짧고 날카로운 한 문장, 의미심장한 인용문, 숫자나 통계는 청중의 뇌에 ‘왜?’라는 물음표를 띄우며 집중도를 높입니다.

“58%. 이 숫자는 오늘 제가 말하려는 모든 것을 설명합니다.”

“한번 떠올려 보세요. 지난달 회의에서 기억에 남은 문장이 있으셨나요?”

클로징: 마지막 30초에 인상을 남기는 전략

클로징에서는 정서적 자극을 남기는 것이 좋습니다. 단순한 요약도 간명하고 좋지만, 발표 후에도 곱씹게 만드는 정서적 여운이 남는다면 더욱 좋습니다. 감정을 울리는 말은 오래도록 기억됩니다. 실화를 바탕으로 한 영화들이 막바지에 실제 인물들의 사진과 현재 상황을 보여 주는 것도 관객의 정서를 자극하여 여운을

7장 전달을 넘어 몰입을 이끌어 내는 말하기

길게 남기기 위한 전략입니다.

"저는 곧 죽습니다. 여러분이 저처럼 후회하지 않으셨으면 좋겠습니다."
"여러분 내면의 아이를 더 이상 외면하지 않으시길 바랍니다."

클로징의 마지막은 단 하나의, 선명한 문장이어야 합니다. 여러 개를 나열하면 핵심이 흐려집니다. 복잡한 내용을 모두 담으려 하지 말고, 하나의 메시지만 남기는 것이 좋습니다.

예:

"말을 잘하기 위해선, 우선 목소리를 내는 용기가 필요합니다."
"부자가 되고 싶다면, 지금부터 도전하시길 바랍니다."

만약 청중이 발표를 '자기 이야기'로 받아들이게 만들고 싶다면, 마지막에 질문을 던지는 것이 효과적입니다. 발표가 끝난 이후에도 계속해서 생각할 거리를 제공하기 때문입니다.

“여러분의 인생은 어디로 나아가고 있나요?”
“당신은 어떤 결정을 내릴 준비가 되어 있나요?”

마지막 문장을 말할 때는 톤과 시선 처리까지 설계하여 마무리를 인상적으로 해야 합니다. 이때는 말의 속도를 늦추고, 청중을 바라보며 한 사람에게 말하듯 마무리하는 것이 효과적입니다.

“오늘 제가 전해 드린 이 한 문장이 여러분 각자의 업무에 적용된다면… 그것으로 충분합니다.” (청중을 천천히 둘러보며)

인용문, 이미지, 직관적 장치도 여운을 강화하는 효과적인 장치입니다. 시각 자료 속 인용구나 마무리용 한 컷 이미지는 말보다 오래 남습니다. 감정과 이미지를 함께 전할 수 있다면 클로징의 힘은 배가 됩니다.

유튜브에 ‘동기 부여 영상’을 검색하면, 마지막에 웅장한 음악과 함께 시각 자료, 인용구로 영상을 마무리하는 것을 볼 수 있습니다.

“혼자서 갈 수는 없다.” - 마지막 슬라이드 배경에 팀 사진과 함께 삽입

“함께해야, 멀리 갈 수 있습니다.” - 발표자 퇴장 직전 정적 속 한 문장

시작과 끝이 잘 설계된 말은 중간 내용보다 더 강하게 회자됩니다. 오프닝과 클로징을 잘 설계해, 열심히 준비한 노력이 빛을 발할 수 있도록 나의 말을 잘 다듬어 주기를 바랍니다.

기억에 남는 단 한 마디의 말

사람들은 발표 전체보다 가장 핵심이 되는 ‘한 문장’을 기억합니다. 복잡한 슬라이드보다, 울림 있는 한 줄이 사람들의 마음 속에 남습니다. 이것이 바로 말의 잔상 효과입니다. 발표, 보고, 인터뷰, 강연 등 커리어의 모든 순간에서 기억에 남을 수 있는 ‘말 한 줄’을 만드는 3가지 구조화 방법을 소개합니다.

① 단언형 - 직선적 메시지로 신뢰와 확신을 전하는 한 줄

"데이터는 거짓말하지 않습니다."

"이번 분기, 우리는 목표를 초과 달성했습니다."

"저는 결과로 증명하는 사람입니다."

"준비된 사람이 기회를 잡습니다."

구조:

"(주어)는 (서술어)한다."

"(결론)입니다."

"(목표/원칙)을 지키면 (결과)합니다."

② 전환형 – 기존 관점을 흔들며 반전을 주는 한 줄

예:

"이 수치는 실패가 아니라, 성장을 의미합니다."

"단기적으로는 손해인 것 같아 보이지만, 장기적으로는 정말 효과적인 투자입니다."

"퇴사는 도망이 아닌, 더 나은 선택을 향한 첫걸음이었습니다."

"포기가 아니라, 살기 위한 선택입니다."

"(부정적 인식)이 아니라, (긍정적 재해석)입니다."

"(일반적 해석)이 아니라, (다른 시각)입니다."

"(기존 관념)을 바꾸면, (새로운 가능성)이 보입니다."

③ 공감형 – 청중과 감정적 연결고리를 만드는 한 줄

예:

"생수 한 병 살 돈으로, 5명의 아이들을 구할 수 있습니다."

"이 성과는 저 혼자가 아니라 우리 모두의 힘입니다."

"인생의 나락에서 저를 구해 준 건, 늘 곁에 있어 소중함을 몰랐던 사람들이었습니다."

"당신이 있어서 오늘도 버틸 수 있었습니다."

영화의 명대사가 기억에 오래 남는 이유는 주제 전체를 관통하는 단 하나의 문장이기 때문입니다. 말로써 강한 인상과 여운을 남기고 싶다면 이야기의 주제를 한 번에 꿰뚫을 수 있는 하나의 문장을 반드시 정리해 보시기 바랍니다. 핵심을 관통하는 말이 사람들의 마음을 건드릴 때 그 어떤 말보다 오랫동안 기억됩니다.

함께 일하고 싶게 만드는 말 습관

좋은 말보다 '편한 말'이 먼저다

같은 시간을 함께 일해도 누군가와는 하루가 금방 가고, 누군가와는 1분조차 너무나도 길게 느껴집니다. 그 차이를 만드는 건 실력이나 지식보다는 '편안함'에 있다고 생각합니다. 마음에 안 들면 수시로 비난하는 말을 하거나, 명령하거나, 지식을 뽐내고 싶어 하는 사람과 함께 일한다고 생각해 봅시다. 생각만으로도 피곤해지지 않나요? 반대로 비난에 대한 걱정 없이 내 의견을 자유로이 꺼내 놓을 수 있고, 건설적인 논의를 할 수 있는 사람과 함께 일하는 과정은 꽤나 즐겁게 느껴질 겁니다.

회의에서 어려운 용어를 줄줄 나열하거나, 화려한 수사로 포장한 보고를 들으면 잠깐은 감탄이 나옵니다. 그러나 그 감탄은 '거리감'으로 변하기 쉽습니다. 협업 상대가 나보다 훨씬 앞서 있다고 느끼면, 의견을 내기보다 '괜히 수준을 떨어뜨리면 어쩌나' 하고 주저할 수밖에 없게 됩니다.

반대로, 정보와 의견을 누구나 바로 이해할 수 있는 말로 전달하는 사람과 일할 때는 마음이 편안합니다. 예를 들어, "이번 분기 KPI 달성률이 전년 대비 15% 하락했습니다"라고 말하는 대신 "매출은 조금 줄었지만, 고객이 다시 돌아오고 있습니다"라고 말하면, 상황의 핵심과 의미가 즉시 전달됩니다. "Conversion rate가 상승세를 보입니다"보다는 "전환율이 올라서 결제까지 가는 고객이 더 늘었습니다"가 더 알아듣기 쉽습니다.

이해하기 쉬운 말은 '수준 낮은 말'이 아니라, 불필요한 해석의 과정을 줄여 주는 합리적인 말입니다. 소통이 잘 되는 사람과 이야기하고 싶은 것은 본능입니다. 특히 상대방과 나의 전문 분야가 다를 때에는 더욱 더 이해하기 쉬운 말이 필요합니다.

같은 의미를 전달해도 말투에 따라 전혀 다른 인상을 줄 수 있습니다. "이렇게 하세요"라고 말하면 지시처럼 들리지만, "이렇게 하면 더 깔끔할 것 같아요"라고 하면 제안처럼 들립니다. 의견이 맞지 않을 때 "틀렸어요"라고 단정 짓기보다 "그 의견도 좋지만, 다른 방법도 생각해 볼까요?"라고 하면 상대를 무안하게 만들지 않습니다. "이건 불가능합니다" 대신 "좋은 생각인데, 당장은 예산에 한계가 있어서 다른 접근이 필요할 것 같습니다"라고 하면 상대는 존중받는 느낌을 받습니다.

협업에서 존중은 '먼저' 표현하는 사람이 가져갑니다. 이 전략은 직급이 높거나, 성과가 많은 사람이 사용할수록 신뢰를 빠르게 형성할 수 있습니다. 예를 들어, 회의에서 "A안으로 합시다"라고 시작하면, 그 순간 분위기가 딱딱해집니다. 반대로 "A안이 마케팅 효과가 더 좋을 것 같은데, 어떻게 보세요?"라고 열린 질문을 던지면, 다른 의견이 자연스럽게 올라옵니다. 반박할 때도 "그건 아닌데요"라고 잘라 말하기보다 "그런 관점도 있네요. 그런데 이런 방법은 어떨까요?"라고 하면 대화가 막히지 않습니다. 요청할 때도 "다음 주까지 해 주세요"보다 "다음 주까지 가능할까요?"가 훨씬 부드럽습니다.

데일 카네기가 쓴 《인간관계론》의 핵심은 "상대방으로 하여금 자신이 중요한 사람이라고 느끼게 만들어라"입니다. 데일 카네기는 상대방이 스스로 효용 가치가 있으며, 자신의 의견이 받아들여진다고 느끼게 하는 것이 상대를 원하는 방향으로 움직이는 가장 빠르고 정확한 방법이라고 말합니다.

명령형에서 제안형으로, 단정에서 가능성을 열어 두는 쪽으로 말투를 바꾸면, 상대는 '내 의견이 무시당하지 않았다'는 안정감을 느끼게 됩니다. 이 안정감이 쌓이면 상대는 당신의 말에 귀 기울이고 싶어지게 되고, 당신의 기대감을 충족시키려고 무의식적으로 노력하게 될 것입니다.

겸손과 단호의 균형

겸손한 말투는 호감을 만듭니다. 하지만 지나친 겸손은 실력을 가립니다. 반대로, 단호함만 내세우면 방어적으로 보입니다. 신뢰를 얻는 사람은 이 두 가지의 균형을 잘 알고 있습니다.

예를 들어, "그건 잘 모르겠습니다"라고만 말하면 상대방은 '그래서 어쩌라고'라고 생각하게 됩니다. 대신, "그 부분은 잘 모르지만, 오늘 안에 자료를 찾아서 공유하겠습니다"라고 하면 겸손과 단호함이 함께 전달됩니다. 의견을 낼 때도 "A가 좋지 않을까요···?"라고 말하는 대신 "A 방향이 맞습니다. 이유는 세 가지입니다"라고 하면 근거 있는 자신감을 전달할 수 있습니다.

또한, "그건 제 담당이 아닙니다"라고 선을 긋기보다 "그건 제 담당은 아니지만, 관련 부서에 확인해 보겠습니다"라고 하면 협력을 위해 노력하는 사람이라는 인상을 줍니다. 말투가 당신의 업무 능력을 키워 주는 순간입니다.

말이 흐르듯 이어지는 사람들의 공통점

편한 사람과 대화하면 말이 막히지 않습니다. 그것은 그들의 화술이 좋아서라기보다는 '이야기의 흐름'을 잘 이어 가는 능력이 있기 때문입니다. 협업에서도 말이 자연스럽게 흐르면, 회의나 브리핑이 끝날 때까지 에너지가 유지됩니다.

흐름을 만드는 핵심은 상대의 말을 직접적으로 끊거나 반박하지 않고, 부드럽게 이어 받는 것입니다. "아, 그건 아닌데요"라고 잘라 말하기보다 "그 부분에 제가 덧붙이고 싶은 게 있습니다"라고 하면 물줄기가 바뀌지 않습니다.

주제를 바꿀 때도 급격히 "다음 주제 말씀드리겠습니다"보다

“이 부분이 매출 이야기였고, 다음으로 비용 절감 방안을 말씀드리겠습니다”라고 연결하면 정보가 하나의 이야기로 받아들여집니다. 의견이 다를 때도 “그건 제 의견과 다릅니다” 대신 “~라는 부분에 대해서는 저도 공감합니다. 다만, 이 부분은 생각이 조금 다른데, 이유는…”처럼 부드럽게 이어 가는 것이 좋습니다.

앞서 언급했던 데일 카네기의 《인간관계론》에서는 다른 사람 앞에서 ‘타인에게 무안함을 주는 것’을 가장 경계하라고 합니다. 사람들은 누구나 영향력 있는 사람, 중요한 사람으로 여겨지고 싶은 본능이 있습니다. 데일 카네기는 상대방에게 무안함을 느끼게 하는 것이 타인을 적으로 만드는 가장 빠른 방법이라고 말합니다.

빠르게 일을 처리하다 보면, 상대방의 말에 대해 틀렸다고 지적하고 싶은 순간, 반박하고 싶은 순간들이 찾아옵니다. 그럴 때는, 딱 1초만 참아 보시기 바랍니다. 같은 말이라도 분명히 상대에게 무안함을 덜 줄 수 있는 방법이 있습니다. ‘편한 말’은 상대의 마음속 장벽을 낮추고, 대화의 흐름을 설계하며, 신뢰의 기초를 만듭니다. 결국, 함께 일하고 싶은 사람은 말을 잘하는 사람이 아니라, 말로 사람을 편하게 만드는 사람입니다. 1초의 인내로 얻어 낸 편안함이야말로 협업에서 강력한 경쟁력으로 작용할 것입니다.

상사와의 대화에서 신뢰를 만드는 디테일

상사와의 대화에서 신뢰는 하루아침에 쌓이지 않습니다. 보고서를 잘 쓰는 것만으로는 부족합니다. 정리된 문장, 명확한 구조, 그리고 상황에 맞춘 말투가 부하 직원의 역량에 대한 신뢰를 만듭니다. 특히 상사는 부하 직원의 '말'에서 일의 방향 감각과 책임 의식을 읽습니다. 그 사람이 해결책을 가져오는 사람인지, 문제만 안기는 사람인지는 단 몇 마디면 드러나기 때문입니다.

① 질문이 아닌 '해결 제안'으로 말하는 습관

"이건 어떻게 할까요?"라는 말은 상황에 따라 상사를 곤란하게 만듭니다. 아직 해결책이 나오지 않은 문제라면, 상사도 마찬가지로 즉답하기 어렵기 때문입니다. 반대로 "이건 A안과 B안이 있는데, ~라는 이유로 A안이 적합하다고 생각합니다"라고 말하면, 상사는 결정을 내리는 데 필요한 판단 자료를 바로 얻게 됩니다.

다른 예시로, "고객이 일정 변경을 요구하는데, 어떻게 할까요?"보다 "고객이 일정 변경을 요구했습니다. A안은 일정 연장, B안은 범위 축소입니다. 범위를 축소하는 B안이 비용 절감 측면에서 좋습니다"라고 하면 신뢰도가 올라갑니다.

질문 대신 제안으로 말하는 습관은, 부하 직원이 단순한 전달자가 아니라 해결에 관여하는 사람이라는 느낌을 줍니다. 무작정 질문부터 던지기 전에 반드시 일정 부분이라도 해결할 수 있는 제안들을 준비해 보기 바랍니다.

[실전 팁]

1) 질문 전에 최소 1개의 대안을 준비해 말합니다.

2) "~할까요?" 대신 "~하는 것이 좋겠습니다"처럼 결론을 먼저 제시합니다.

3) 불확실한 사안일수록 '현재 상황 + 선택지 + 의견' 구조로 말합니다.

    8장 함께 일하고 싶게 만드는 말 습관

② "~했는데요"라는 말투가 주는 방어적인 인상

업무 진행 상황을 보고할 때 "했는데요"로 끝내는 습관은 의도치 않게 방어적인 뉘앙스를 줍니다. 예를 들어 "아, 그 자료요? 어제 보냈는데요"라고 하면, 마치 '내 할 일은 했는데 왜 물어보지?'는 의미로 들리기 쉽습니다. 이렇게 방어적으로 이야기하는 대신, 결과와 현재 상황을 함께 붙여 말하면 훨씬 명확해집니다. "자료는 어제 보냈습니다. 지금 회신을 기다리는 중입니다"처럼 완결된 문장은 방어 대신 진행 의지를 전달합니다.

특히 일이 지연될 때는 변명보다 해결 방향을 덧붙여야 합니다. "자료는 어제 보냈는데 아직 회신이 없습니다"보다는 "자료는 어제 보냈고, 오늘 오후까지 회신 없으면 다시 연락드리겠습니다"가 훨씬 신뢰감을 줍니다.

[실전 팁]

1) 전달할 내용이 '했는데요'로 끝나면 바로 '그래서' 이후의 문장을 붙입니다.

2) 진행 상황과 다음 조치를 함께 말합니다.

3) 변명처럼 들릴 수 있는 접속어(근데, 그런데)는 줄입니다.

③ 보고는 결론부터, 의견은 근거부터

상사는 결론을 빨리 알고 싶어 합니다. 보고를 시작할 때 세부 설명부터 늘어놓으면, 상사는 '결국 하고 싶은 말이 뭔지'를 먼저 묻게 됩니다. "결론부터 말씀드리면"으로 시작하면 상사는 집중할 준비를 합니다. 예를 들어 "어제 고객 미팅을 했는데, 여러 가지 이야기를 나눴습니다. 먼저…"보다 "결론부터 말씀드리면, 고객이 제안을 수락했습니다"가 훨씬 깔끔합니다.

반대로, 의견을 낼 때는 근거부터 제시하는 것이 좋습니다. 특히 상사의 판단에 영향을 미치는 제안이라면, '왜'가 먼저입니다. "제 생각에는 B안이 낫습니다. 왜냐하면…"보다 "현재 일정과 예산을 고려하면 B안이 유리합니다. 그래서 B안을 제안드립니다"가 설득력을 더욱 높입니다. 결론을 서두에 놓을지, 근거를 앞세울지는 말의 성격에 따라 달라집니다.

[실전 팁]

1) 사실 보고는 '결론 → 근거 → 세부사항' 순으로 말합니다.
2) 제안·의견은 '근거 → 결론 → 실행방안' 순으로 말합니다.
3) '결론'과 '의견'을 섞어 쓰지 않도록 구분합니다.

   8장 함께 일하고 싶게 만드는 말 습관

④ 실수 후 더 중요한 '말의 태도'

상사에게 실수를 보고하는 순간은 불편합니다. 하지만 이미 일어난 일이라면, 어떻게든 신뢰를 회복해야 합니다. 실수 자체보다 실수에 대처하는 태도가 더 오래 기억됩니다. "죄송합니다. 하지만…"으로 이어 가는 방어형은 책임 회피로 들립니다. 대신 "이 부분은 제 판단이 부족했습니다. 수정안은 오늘 안에 제출하겠습니다"처럼 짧고 명확하게 인정한 뒤, 해결책을 바로 덧붙이는 것이 좋습니다. 또한, 원인을 설명할 때는 변명 대신 재발 방지에 초점을 둡니다. "다음부터는 일정 전날에 점검하겠습니다"처럼 개선 의지를 구체적으로 말하면, 상사는 '다시 맡길 수 있는 사람'이라고 다시 한번 믿게 됩니다.

[실전 팁]

1) 사과는 짧게, 해결책은 구체적으로 말합니다.

2) '하지만' '그런데' 같은 방어형 접속사는 피합니다.

3) 재발 방지 계획까지 포함해야 신뢰가 회복됩니다.

⑤ 상사 스타일을 읽고 말투를 맞추는 전략

상사마다 선호하는 말의 속도와 방식이 다릅니다. 어떤 상사는 빠른 결론을 원하고, 어떤 상사는 충분한 배경 설명을 들어야 납득합니다. 상사가 보고를 중간에 끊는 편이라면 결론부터 시작하는 구조가 맞고, 메모를 하며 경청하는 편이라면 배경을 차근차근 설명하는 편이 맞습니다.

예를 들어, 데이터 중심의 상사에게는 "결론은 A입니다"보다 "수치상 A가 가장 유리합니다"가 설득력이 높습니다. 반대로 사람 중심의 상사에게는 "고객들이 A를 더 선호합니다"처럼 정성적 정보가 더 잘 먹힙니다. 상사의 리듬에 맞추는 것은 아부가 아니라, 효율적인 소통을 위한 전략입니다.

[실전 팁]

1) 첫 회의나 보고 때 상사의 질문 패턴을 관찰합니다.

2) 시각적인 자료를 좋아하는지, 구두 보고를 선호하는지 파악합니다.

3) 상사의 속도감에 맞춰 말의 길이를 조절합니다.

질문보다 제안을, 변명보다 완결된 보고를 하는 사람은 자연스럽게 신뢰를 얻습니다. 결론과 근거를 상황에 맞게 배치할 줄 알고, 실수했을 때도 태도가 바른 사람은 다시 기회를 잡아내기 마련입니다. 상사의 스타일에 맞춘 말투는 업무를 매끄럽게 만들고, 결국 더 중요한 프로젝트를 맡을 수 있는 발판이 됩니다.

   8장 함께 일하고 싶게 만드는 말 습관

동료와의 대화에서 타이밍을 잡는 디테일

같은 말이라도 타이밍이 어긋나면 칭찬도 잔소리로, 제안도 간섭으로 변합니다. 타이밍을 아는 사람은 말로 일을 쉽게 만들고, 모르는 사람은 말로 관계를 어렵게 만듭니다.

① 칭찬과 피드백의 타이밍이 팀워크를 결정한다

회의 직후, 프로젝트 마감 직후는 칭찬하기 좋은 타이밍입니다. 일의 여운이 남아 있을 때 "오늘 자료 준비 덕분에 회의가 매끄럽게 끝났어"라고 말하면, 그 칭찬은 동료의 성취감과 바로 연결됩니다.

피드백도 마찬가지입니다. 작업 중간에 구체적으로 주는 피드백은 수정의 기회를 줍니다. 하지만 마감 직후에 "이 부분은 더 보강했으면 좋았을 텐데"라고 하면 이미 늦습니다. 피드백은 '다음번'이 아니라 '이번에 반영할 수 있는 시점'에 해야 효과가 있습니다.

[실전 팁]

1) 칭찬은 결과 직후, 피드백은 과정 중에 합니다.

2) 만약 피드백이 늦었을 경우, "다음에 참고하면 좋겠다"는 맥락을 분명히 합니다.

② "그럴 줄 알았어"보다 "어떻게 도와줄까?"

동료가 실수하거나 예상치 못한 상황에 부딪혔을 때, "그럴 줄 알았어"라는 말은 무심코라도 상처가 됩니다. 의도와 상관없이 '미리 알면서 왜 말 안 해 줬나'라는 불신을 만들 수 있기 때문입니다.

이럴 때는 원인을 묻기 전에 지원 의사를 먼저 밝히는 것이 좋습니다. "어떻게 도와줄까?" 혹은 "지금 뭐가 제일 필요해?"라는 말은 상황을 함께 해결하려는 태도를 보여 줍니다. 이 사람은 나를 진심으로 도와주고 싶어 하는 사람이라는 인상을 남기게 됩니다.

[실전 팁]

1) 예상했던 문제라도, 결과가 나온 후에는 비난보다 지원을 우선합니다.

2) "왜 그랬어?"보다 "지금 어떻게 하면 좋을까?"로 이야기를 시작합니다.

3) 도움 제안 후 원인을 분석하는 순서를 지킵니다.

③ 갈등 상황에서 말이 공처럼 오가지 않게 하는 법

갈등 중의 대화는 공 던지기와 닮아있습니다. 한쪽에서 "그건 네 책임이야"라고 던지면, 상대는 "아니, 그건 네가 시작했잖아"라고 되받아칩니다. 공은 다시 되돌아오고, 주고받는 속도만 빨라집니다. 목적 없는 캐치볼처럼, 말은 오가지만 해결책으로는 한 발짝도 나아가지 않습니다.

타이밍을 잘 아는 사람은 이 '말의 캐치볼'을 중단시킵니다. 예를 들어, "지금은 책임을 따질 때가 아니라, 해결 방법을 찾을 때야"라고 하면 공방의 흐름이 멈춥니다. 그리고 감정이 가라앉은 뒤에 책임 소재를 이야기하는 것이 순서입니다. 갈등의 순간에 해결 타이밍을 잡으면 불필요한 말싸움을 피하고, 대화를 앞으로 움직일 수 있습니다.

1) 감정이 고조됐을 때는 원인이나 책임보다 해결 방안을 먼저
   말합니다.
2) "그건 네 잘못이야" 대신 "그 부분은 이렇게 처리하면 될 것
   같아"로 바꿉니다.
3) 해결 후에 원인을 정리하면 방어 기제가 줄어듭니다.

④ 잘하는 사람에게는 더 겸손하게 말하는 센스

타이밍을 잘못 잡아 조언을 하면 오만하게 비칠 수 있습니다. 특히 성과 직후, "이 부분은 이렇게 하면 더 좋을 것 같아"라는 말은 의도와 다르게 평가절하로 느껴질 수 있습니다.

잘하는 사람일수록 성과 직후에는 격려를 먼저 하고, 일정 시간이 지난 뒤에 개선 아이디어를 제시하는 것이 좋습니다. 예를 들어, "이번 자료 정말 완벽했어"라고 먼저 말한 뒤, 며칠 후 "혹시 다음에는 이런 포맷도 한번 써 볼까?"라고 하면 제안이 자연스럽게 받아들여지게 됩니다.

1) 성과 직후에는 무조건 격려부터 합니다.
2) 제안은 다음 프로젝트 준비 시점에 건넵니다.

3) 칭찬과 개선 아이디어 사이에 최소 하루 이상의 간격을 둡
   니다.

⑤ 동료가 먼저 협조하고 싶어지는 말버릇

부탁을 잘하는 사람이 협업도 잘합니다. "이거 해 주세요"보다 "이 부분은 대리님이 제일 잘하셔서, 도움을 받고 싶습니다."라고 하면, 같은 요청이라도 기분 좋게 받아들일 수 있습니다. 또, "혹시 시간 될 때" "가능하면" 같은 완충 표현은 부담을 줄여 줍니다.

도움을 받은 뒤에는 반드시 짧게라도 감사 인사를 전하는 것이 좋습니다. "덕분에 오늘 마감 맞췄어"라는 한마디는 다음 부탁을 더 쉽게 만듭니다. 고마움을 잘 표현하는 사람을 도와줬을 때, 상대방은 뿌듯함과 자기 효용성을 느끼게 됩니다. 협조를 이끌어 내는 말버릇은 결국 타이밍과 후속 반응에서 완성됩니다.

[실전 팁]

1) 요청할 때는 이유와 기대를 함께 전합니다.

2) 마감 직전보다 준비 시점에 미리 부탁합니다.

3) 결과가 나오면 고마움을 바로 표현합니다.

동료와의 협업은 타이밍의 게임입니다. 같은 말이라도 언제 하

느냐에 따라 무게와 의미가 달라집니다. 칭찬은 결과 직후에, 피드백은 과정 중에, 제안은 여유가 있을 때 건네야 합니다.

실수가 발생했을 땐 원인을 따지기보다 지원을 먼저 하고, 갈등 상황에서는 책임보다 해결책을 먼저 꺼내야 합니다.

말을 언제 할지 고민하는 과정 속에서 체득한 '눈치'가 여러분의 일을 더 쉽게 만들어 줄 것입니다.

후배와의 대화에서 리더십을 갖는 디테일

"사람들은 당신이 한 말을 잊을 수 있다. 하지만 당신이 어떤 말투로 말했는지는 잊지 않는다." – 마야 안젤루

리더십은 직급이 아니라 태도에서 나옵니다. 특히 후배와 대화할 때의 말투는 그 사람의 리더십을 단편적으로 보여 줍니다. 같은 지시라도 말투에 따라 꼰대처럼 들리기도 하고, 반대로 동기부여가 될 수도 있습니다.

리더의 말투는 권위를 내세우는 것이 아니라, 권위를 자연스럽게 인정받게 만드는 언어입니다. 마야 안젤루의 말처럼, 당신이 한 말의 '내용'보다 '말투'가 더 오래 남습니다. 특히 후배와의 관계에서는 부정적인 피드백을 할 일이 많으니, 더욱 말투를 조심할 필요가 있습니다. 상대방에게 가급적이면 수치심을 주어서는 안 된다는 것을 잊지 말아야 합니다.

① 조언에 대한 거부감을 줄이는 말의 구조

후배에게 조언할 때는 말의 구조를 바꾸는 것만으로도 거부감을 줄일 수 있습니다. "왜 일을 그런 식으로 하냐"라고 시작하면 반사적으로 방어하고 싶은 마음이 올라옵니다. 다짜고짜 비난하는 대신 먼저 공감이나 긍정 피드백을 주고, 그다음 제안을 덧붙이는 구조를 사용하는 것이 좋습니다.

예를 들어, "보고서에 자료를 잘 모아 왔네. 여기에 이 수치를 추가하면 더 설득력 있을 거야"라고 하면, 후배는 자신의 노력을 인정받으면서도 개선점을 받아들이게 됩니다. 조언이 기분 나쁜 '평가'가 아니라 '지원'으로 들리게 만드는 것입니다.

[실전 팁]

1) 긍정 피드백 → 개선 제안 순으로 말합니다.

2) '이렇게 하지 마'보다 '이렇게 하면 더 좋다'로 표현합니다.

3) 조언의 이유를 한 줄로 덧붙입니다.

② 실수를 지적하되 자존감은 살리는 피드백

후배가 실수했을 때, 피드백은 반드시 필요합니다. 그러나 자존감을 잘못 건드리면 관계가 파국으로 치닫을 수 있습니다. 어차피 일을 계속 같이 해야 한다면, "너는 일을 왜 이렇게 하니"라고 비난하는 것보다 "이 부분은 이렇게 바꾸면 괜찮아져"라고 개선 방안을 제시해 주는 것이 훨씬 더 건설적입니다.

예를 들어, 기획안에서 빠진 항목이 있을 때 "여기 왜 빼먹었어?"라고 하면 방어 반응이 먼저 나오지만, "여기에 이 부분만 보강하면 완성될 것 같아"라고 하면 수정 의지가 생깁니다. 실수를 '잘못'이 아니라 '미완성'으로 바라보는 시각이 중요합니다.

[실전 팁]

1) 지적은 구체적으로, 인신공격은 절대 하지 않습니다.

2) 실수 지적 후에는 반드시 개선 방법을 덧붙여 줍니다.

3) '다시 해 와'보다 '이렇게 하면 더 좋을 것 같다'라고 말해 줍니다.

③ 지시보다 동기부여를 주는 말하기

단순 지시는 하기 싫은 마음만을 불러일으키지만, 동기부여는 일을 더 잘하게 만듭니다. "이거 오늘까지 해"라는 말은 의무만 남기지만, "이걸 오늘까지 끝내면 내일 바로 회의에 반영할 수 있어. 이번 인사고과에 크게 도움 될 거야"라고 하면 듣는 사람의 내적 동기를 고양시켜 줄 수 있습니다.

특히 부담이 큰 일일수록, 결과가 팀이나 프로젝트에 주는 긍정적 영향을 함께 알려 주는 것이 좋습니다. "이번 자료는 프레젠테이션에서 핵심이 될 거야. 눈에 띌 수 있는 기회야"라는 말만으로도 후배의 집중도는 달라집니다.

[실전 팁]

1) 지시 전에 '왜' 해야 하는지를 알려 줍니다.

2) 업무의 영향과 성과를 함께 설명합니다.

3) 기한과 목적을 함께 전달합니다.

④ 후배가 먼저 다가오게 만드는 리더형 말투

리더와의 거리를 좁히는 건 후배의 몫이라고 생각하기 쉽지만, 실제로는 리더가 먼저 틈을 내줘야 합니다. 후배의 입장에서는 혹시나 리더가 바쁠까 봐, 또는 존재 자체가 불편해서, 먼저 다가가기가 어렵습니다. 점심 자리에서 사소한 안부를 묻거나, 비공식 대화에서 유머를 섞는 말투는 심리적 거리를 줄여 줍니다.

예를 들어, "오늘 프레젠테이션 준비하느라 점심도 못 먹었

 8장 함께 일하고 싶게 만드는 말 습관

죠?" 같은 말은 상대방으로 하여금 리더가 자신의 노고를 알아주고 있다고 느끼게 합니다. 사람은 누구나 인정 욕구를 가지고 있습니다. 특히 업무에 치이고 있을 때일수록, '나의 노력을 인정해 주는 말'이 정말 큰 힘이 됩니다. 저 역시, 격무에 치여 번아웃이 오기 직전이었을 때, "요즘 고생 정말 많아요. 일이 많죠"라는 리더의 말에 위안을 얻었던 적이 있습니다.

[실전 팁]

1) 비공식 대화에서는 조금 더 가볍게 이야기를 해 줍니다.

2) 노력을 인정하는 말을 주기적으로 해 줍니다.

후배와의 대화에서 말투는 단순한 전달 도구가 아니라 리더십의 형태를 결정하는 핵심입니다. 조언을 거부감 없이 전하고, 실수를 지적하되 자존감을 지키며, 단순 지시가 아닌 동기부여를 주는 말하기가 후배를 성장시킵니다. 먼저 다가가는 말투로 신뢰의 문을 열면, 후배는 리더를 두려워하는 대신 기대에 부응하기 위해 노력하게 됩니다.

첫 만남에서 호의적인 관계로 이어지는 말하기 전략

외부 이해관계자와의 대화는 한 번의 기회로 결판이 나는 경우가 많습니다. 거래처와의 첫 미팅, 면접관과의 짧은 질의응답, 행사장에서의 짧은 네트워킹 모두 순간적인 인상으로 관계의 방향이 정해집니다. 어떻게 하면 좋은 인상을 남길 수 있을까요?

① 신뢰를 구축하는 첫마디: 비즈니스 인사법

첫인사는 단순한 형식이 아니라 분위기의 기초를 만듭니다. "안녕하세요. ○○회사 ○○입니다"는 틀린 방법은 아니지만, 그 뒤에 한 줄 더 얹으면 인상이 달라집니다. "안녕하세요. ○○회사 ○○입니다. 요즘 가장 핫한 제품을 기획하신 분이라니, 만나 뵙

   8장 함께 일하고 싶게 만드는 말 습관

기를 정말 기대했습니다"처럼 간단한 기대감 표현은 기계적인 소개를 대화의 시작으로 바꿔 줍니다.

비즈니스 인사에서는 명확한 자기 위치와 목적을 드러내는 것이 중요합니다. 거래처 미팅이라면 "이번 제안은 귀사의 ○○ 프로젝트에 도움이 될 수 있도록 준비했습니다"처럼 상대와의 연결고리를 바로 제시하는 것이 좋습니다.

[실전 팁]

1) 이름과 소속 외에 '오늘 만남의 목적'을 한 줄로 덧붙입니다.

2) 구체적인 기대나 감사 표현을 넣습니다.

② 업무 이야기 전, 마음을 여는 '0.5초의 말'

비즈니스 미팅 시작 전, 시간적인 여유가 있다면 짧게라도 상대의 긴장을 풀어 주는 말을 하는 것이 좋습니다. 날씨, 행사 분위기, 최근에 있었던 긍정적인 소식 등 부담 없는 주제가 효과적입니다.

예를 들어, "오늘 날씨가 선선해서 오기 좋았죠"처럼 사소한 한 마디는 목소리를 부드럽게 하고, 표정을 풀게 합니다. 단, 이 0.5초의 말은 반드시 자연스러워야 합니다. 억지스러운 농담이나 과도한 친근감은 오히려 거리감을 만듭니다.

[실전 팁]

1) 장소, 날씨, 행사 등 모두가 공유하고 공감할 수 있는 주제를 선택합니다.

2) 상대의 반응을 보고 길게 이어 갈지, 바로 본론으로 갈지 판단합니다.

3) 면접에서는 가벼운 감사 인사나 준비 과정 언급 정도가 적절합니다.

③ 긴장하지 않고 말의 무게를 유지하는 기술

중요한 자리에서 긴장은 당연합니다. 그러나 긴장을 이유로 말의 무게가 가벼워지면 신뢰 형성이 어려워집니다. 특히 거래처와 면접관처럼 당신을 평가하는 위치에 있는 사람들은 첫인상을 실무 태도로 연결해 판단하기도 합니다.

말의 무게감을 유지하려면 속도와 호흡을 의식해야 합니다. 편안하게 이야기할 수 있는 일정한 속도로, 문장 사이에 1~2초의 호흡을 두면 말이 훨씬 더 안정적으로 들립니다.

또한, 단어 선택도 중요합니다. "아무래도…" "그냥…" "뭐…" 같은 불필요한 말버릇은 말의 무게감을 가볍게 만듭니다. 대신 "제 판단에는" "자료에 따르면"처럼 근거를 제시하는 표현을 사용하는 것이 좋습니다.

    8장 함께 일하고 싶게 만드는 말 습관

1) 문장 끝을 또렷하게 마무리합니다.

2) 불필요한 추임새를 줄이고, 의미 있는 단어로 대체합니다.

3) 긴장될수록 속도를 의식적으로 10% 늦춥니다.

④ 가격·조건을 말할 때 신뢰를 무너뜨리지 않는 법

가격이나 조건을 이야기하는 순간, 대화의 공기가 달라집니다. 가격 제시를 할 때는 금액만 던지지 말고, 근거와 가치를 함께 전달해야 합니다. 예를 들어, "이 프로젝트는 3천만 원입니다"보다 "3천만 원을 투자하시면, 3개월 동안 전담 인력을 투입하고, 맞춤형 리포트를 매주 제공합니다"가 훨씬 설득력 있습니다. 달랑 액수만을 던지는 것은 반드시 지양해야 합니다. 상대에게 장사꾼이라는 이미지를 주기 쉽습니다.

조건 협상에서도 마찬가지입니다. "그건 어렵습니다"라고 바로 거절하기보다 "그 조건은 맞추기 어렵지만, 이 범위에서는 조정 가능합니다"라고 하면 협력의 태도가 전달됩니다.

[실전 팁]

1) 금액·조건은 근거와 함께 제시합니다.

2) 불가능할 땐 대안을 바로 붙입니다.

3) 협상 전, 상대가 가장 중요하게 생각하는 조건이 무엇인지
   를 파악합니다.

⑤ 지속적인 관계로 이어지게 하는 언어 선택

한 번의 미팅이나 면접으로 끝나지 않고 지속적인 관계로 이어지려면, 대화의 마무리에 '다음 접점'을 심어야 합니다. "다음에 또 뵙겠습니다"라는 형식적 인사보다 "다음 회의 때 ○○안에 대해 더 논의하죠"처럼 구체적인 연결고리를 남기면, 다음 만남이 자연스럽게 이어집니다.

또한, 대화 중에 상대가 했던 말 중 중요한 부분을 기억해 언급하면, 자신의 이야기에 영향을 받았다고 느껴 상대방은 뿌듯함을 느끼게 됩니다. 데일 카네기가 이야기했듯이, 상대방이 스스로를 '중요한 사람'으로 느끼게 만들어 주는 것입니다. "아까 말씀하신 ○○ 부분은 저도 인상 깊었습니다" 같은 한마디는 관계를 한 단계 끌어올립니다.

[실전 팁]

1) 마무리 인사에 다음 만남의 구체적인 이유를 넣습니다.

2) 대화 중 들은 중요한 말을 짧게 되짚어 줍니다.

3) 이메일·메시지로 후속 인사를 보내며 연결을 유지합니다.

     8장 함께 일하고 싶게 만드는 말 습관

외부 이해관계자와의 말하기는 단순한 예의 차원이 아니라, 신뢰를 형성하고 관계를 발전시키는 전략입니다. 첫마디에서 자기 위치와 목적을 분명히 하고, 업무 전에는 가벼운 말로 마음을 열어 줍니다. 말의 무게를 유지하고, 가격·조건은 근거와 가치로 제시하며, 대화를 관계로 이어지게 만드는 마무리를 챙기면, 한 번의 만남이 장기적인 파트너십으로 발전하게 됩니다. 말은 거래와 채용, 협력을 연결하는 가장 강력한 계약서입니다.

: 누구나 말을 잘할 수 있다

우리는 말 잘하는 사람을 보면, 타고난 재능이라고 생각하는 경우가 많습니다. 목소리가 좋고, 어휘가 풍부하며, 재치 있는 답변이 술술 나오는 사람들을 보며 저 또한 부러워했던 순간들이 참 많았습니다. 하지만, 가까이서 들여다보니 유려한 말솜씨는 단순한 재능이 아니었습니다. 대부분이 자신의 말과 단어를 수없이 깎고 다듬은 흔적을 품고 있었습니다. 수많은 실패와 수정, 그리고 반복이 그들의 언어를 아름답게 가꾸어 준 것이었습니다.

커리어의 첫발을 내딛은 순간, 또는 해 보지 않았던 스피치를 해내야 되는 순간들이 예고 없이 찾아왔을 때, 참 많이도 당황하셨으리라 생각합니다. 분명히 나는 유창한 '네이티브 스피커'인데 입이 떨어지지 않는 자신의 모습을 보며 이게 무슨 일이지 싶으셨을 겁니다. 하지만 당연합니다. 일의 언어는 일상의 언어와 다르니까요. 일상과 달리, 일에서는 작은 실수가 엄청난 나비효과를 불러일으킵니다. 각자의 이익이 첨예하게 대립하는 공간이기에 조금 더 조심스럽게 이야기할 필요도 분명히 있지요.

이 책을 읽고 난 후 이제는 상사에게 보고하고, 클라이언트를 설득하고, 다른 조직과 협업하는 순간들 속에서 당신의 말이 빛을 발하기 시작할 것이라 자신합니다. 이 책에 담긴 여러 가지 팁들 가운데 당신의 비즈니스에서 현실적으로 적용할 수 있는 방법들을 꾸준히 연습해 보셨으면 좋겠습니다.

비트겐슈타인은 "내 언어의 한계가 내 세계의 한계다"라는 말을 남겼습니다. 시간과 마음을 들여 일의 언어를 익힌 당신이 더욱더 능숙하고 다채롭게 커리어를 확장해 나가실 수 있기를 진심으로 바라겠습니다. 끊임없이 옳은 방향을 고민하고, 더 나은 삶을 향해 나아가실 당신에게, 일의 언어가 한계이자 장벽이 되지 않기를 바랍니다. 그리고 그 장벽을 부수는 데 있어, 저의 도구들이 쓸모 있게 잘 쓰일 수 있다면 참 좋겠습니다.

이 책을 읽는데 삶의 소중한 시간을 기꺼이 내어 주신 당신에게 진심으로 마음속 깊이 감사함을 전합니다.

오늘부터
말을
잘하게 됩니다

일이 술술 잘 풀리는 말하기 스킬

초판 발행 2026년 1월 26일
펴낸곳 현익출판
발행인 현호영
지은이 박수연
편집 황현아
디자인 구경표
주소 서울특별시 마포구 월드컵북로58길 10, 더팬빌딩 9층
팩스 070.8224.4322

ISBN 979-11-94793-47-2

• 현익출판은 골드스미스 출판그룹의 일반 단행본 출판 브랜드입니다.
• 출판사의 허가 없이 본 도서를 편집 또는 재구성할 수 없습니다.
• 잘못 만든 책은 구입하신 서점에서 바꿔 드립니다.

좋은 아이디어와 제안이 있으시면 출판을 통해 가치를 나누시길 바랍니다.
uxreviewkorea@gmail.com